はじめに

人を優先しすぎて心が疲れることを意味する、

「**共感疲労**（**別名：思いやりのコスト**）」

という言葉があるそうです。


医療や福祉にかかわる人が、患者やその家族のつらい心情に寄り添いすぎてしまう。

心が痛むニュース、身近な人の苦痛を、受け止めすぎてしまう。

そういったことで心が消耗し、頭痛や吐き気、イライラ、無気力といった、心身のさまざまな不調に悩まされる共感疲労に陥ってしまうんだって。

人生を楽しめなくなっちゃうんだよね。

専門的なことは一人さんもわからないし、難しい話をするつもりもありません。

私が言いたいのは、ただ1つなんです。

生きることをつらくさせる最大の原因は、自分を大切にするのを忘れていることにある。

人のことばかり考え、自分が置き去りになっていることが、心身を疲れさせ、人生を狂わせちゃうんだよね。

日本では、昔から「和《わ》をもって貴《とうと》しとなす」と言われるように、なにごとも、角《かど》を立てないことがよしとされます。

自分が我慢すれば、丸くおさまる。そう思う人が多い。

もちろん、利他《りた》（自分よりほかの人を優先すること）がいけないわけじゃないんだけど、人の気持ちにばかり寄り添って、自分の本心や欲を無視し続けると、心が削られちゃうの。やる気をなくす。

心と体はひとつながりのものだから、心が病めば、体だって悲鳴を上げます。

これがまさに、共感疲労の状態だと一人さんは思うのです。

大勢の人がともに暮らす社会では、やさしさは欠かせないものです。

でも、人を思いやる前に、自分を忘れちゃダメなんだよね。

自分が苦しいのに、人を助けることなんてできません。自分を愛し忘れているのに、誰かを愛することなんて無理です。

自分をないがしろにしてると、結局、誰のことも大事にできない。

そんな、皮肉な結末になっちゃうんです。

人は、自分が満たされてはじめて、誰かを満たすことができます。

自分が幸せであってこそ、人の幸せを願えるし、そのお手伝いもできる。

だからまず、自分を幸せにしなければなりません。そしてそれが、私たちの、この世でのいちばんの大仕事なんだよ。

あなたの人生は、あなたが主役のドラマです。

自分不在の生き方って、あなたが主役のストーリーでありながら、ほかの人ばかりフォーカスして、あなたがちっとも登場しないドラマと同じなの。

主役が出てこないなんてありえないし、こんなに面白くないドラマはないよな（笑）。

人生がつまらなくなるのは当たり前なんです。

人生を面白くしようと思ったら、この世界のすべてを自分中心に考え、「自己肯定感」を上げなきゃいけません。

これが、自分を幸せにするということへの最初の一歩です。

自己肯定感が低いままでは、なにをしても、絶対に幸せになれません。

自己肯定感を上げて、大切な自分をとにかく幸せにしてあげてください。
人のことは、あなたが幸せになったあとの話ですよ。

斎藤一人

【お知らせ】

私は自分をすごく大切にしているので、自分で自分を「一人さん」と呼びます。

それから、一人さんはしょっちゅう神様の話をしますが、私の言う神様は、宗教とはまったく関係のない、宇宙をつくったエネルギーとか、お天道様のような存在を指しますので安心してくださいね。

ただし、私は宗教を否定しているわけではないので、もし、あなたがなにかの宗教に興味があるのだとしたら、好きな宗教を信じてもらっていいですよ。

第1章 自分に喜びを与える。話はそこからだ

第2章

「正しいワガママ」っていいもんですよ

第3章 絶対に傷つかない、傷つけない人間関係がある

第4章 商売でも大事にすべきは、まず自分の心だよ

第5章
あなたの使命は「もっと自分を幸せにする」ことだ

自己肯定感Q&A

おわりに

編集協力:古田尚子
装丁:大谷昌稔(大谷デザイン事務所)
本文デザイン・組版:茂呂田 剛(有限会社エムアンドケイ)

第1章

自分に喜びを与える。話はそこからだ

自分を満たすってワガママなんかじゃない

あなたはいま、自分にどれだけ自由をゆるしていますか？

世の中になんの不安もなく、ただただ、毎日が楽しかった子どもの頃のように、好きなことを我慢しないでやっているだろうか？

一人さんが見たところ、ほとんどの大人は、それができていないと思います。できていても、まだまだ足りない。そんな印象を受けます。

多くの人は、生きるなかで1個ずつ、自分の好きなことをあきらめます。

本当の気持ちを見ないようにして、自分のなかにある「好き」を、1つ、また1つと手放してしまう。

その代わりに、大きく育てているのが「我慢」です。

本当は行きたくないけど、行かないわけにはいかない。

欲しいけど、お金がもったいないから我慢しよう。
やってみたいけど、失敗したらイヤだからやめておこう。
いつの間にか、我慢ばかりの人生になっちゃってるんだよね。

その**我慢が自分をどんどん不幸にしている**こと、知っているかい?

人の心は、満たされてはじめて幸せを感じます。自分に我慢ばかりさせていると、なにをしても幸せを感じられなくなります。

そんなことは百も承知だけど、自分勝手には生きられない。大人になれば、我慢しなきゃいけないことが増えるのは当たり前だ。そう思うかもしれないね。

だけど、**「~しなければならない」の根拠は、案外、自分の思い込み**だったりする。
やってみたらわかるけど、世間の常識に逆らって生きても、そんなに困ることはありません。

なにより、我慢しない生き方のほうがよっぽど幸せになれる。

事実、一人さんはそれを体現しているし、私のお弟子さんたちを見ても、このことは100％間違いありません。


子どもだろうが、大人だろうが、「好き」を手放す必要はありません。

やりたいことは、好きなだけしたらいい。

捨てなきゃいけないのは我慢のほうで、あなたを満たしてくれる「好き」は、どんどん増やさなきゃダメなんだ。


いま、いちばん食べたいものを自分に食べさせてあげる。

欲しいものを自分に買ってあげる（もちろん、自分にできる範囲でですよ）。

1秒でも長く、自分に楽しい時間を与える。

こういうのがあればあるほど、日常は輝きます。

自分を大切にして、可愛《かわい》がる。

それでこそ、人の心は元気になるんだよね。

好きなものに囲まれ、やりたいことをしていたら、人って幸せなんです。

でね、**自分を満たすことをやると、実は、それが周りを満たすことにもなる。ひいては、社会への貢献になるんだよね。**

自分を大切にすることを「ワガママだ」と思う人がいるのですが、ワガママって、自分だけよくて周りが迷惑するものでしょ？

だけど実際は、ほかの人や社会のためになる。少しもワガママなんかじゃないんだ。

こういうことを、これから1つずつお伝えしたいと思います。

「クレクレ」の人に起きていること

自分の周りに向かって、「こっちを見て！」「もっと私を大事にして！」みたいな要求をする人がいます。ストレートにそうは言わなくても、「私が、私が」みたいな印象が強いとか、ちょっとしたことですぐにヘソを曲げるなど、周りを不快にさせるタイプがそうなんだよね。
これがまさに、自分で自分を満たせない典型的なケースなの。

自分で自分を幸せにできないから、誰かにそれをやってもらおうとして、人の気を引こうとする。人に気にかけてもらうのに手っ取り早いのが、怒ったり泣いたりして相手を困らせることだから、それをやるわけです。

だけど、みんな自分のことで忙しい。人のことばかり気にかけていられないわけだから、いくら「かまって」とアピールしても、期待通りに動いてくれる人はいないと思います。

アピールするのだって労力使うわけで、くたびれゾンなの（笑）。

それに、こんな人は確実に周りから嫌われます。「オレを満足させろ」「私に奉仕して」って本当に厚かましい話だし、クレクレの人って、親切で助けてあげても、「そうじゃない、もっと気を利《き》かせて」「まだ足りない。もっとやって」とキリがない。

それで嫌われないほうがおかしいよね。

潮が引くように、周りから「いい人」がいなくなって、残るのは自分と同じような、誰かに機嫌を取ってもらおうとする人ばかりです。誰からも相手にされないような、困った人ばかり寄り集まる。

「類は友を呼ぶ」と言いますが、その通りの現象が起きるんだよ。

で、お互いにクレクレやってると……どうなるかは言うまでもないよね。


そもそも、自分の好きなことも、嫌いなことも、いちばんよく知っているのは自分でしょ?

誰かに心を満たしてもらおうとするより、自分でやっちゃったほうが早いし、満足度だって高いの。

背中がかゆくなったときでもさ、人にかいてもらおうと思うと、「そこじゃない」「もっと上」とかって、もどかしいじゃない。そんなことをしてるあいだに、孫の手でも持ってきて自分でかいちゃったほうが早いよね。

それを、**なんの工夫もしないで、「かゆい、かゆい」と騒いでるのがクレクレの人なんです。**

あとね、自分で自分を満たせない人は、親切でやったことが相手に喜んでもらえないとか、それどころか不快感を与えやすい、ということもあります。

なぜかというと、人はどういうことで満たされるのか、うれしいのかを、自分がわかっていないからです。それがわかっていれば、とっくに自分が満たされてるの。

好みをいちばんよくわかっている自分すら満足させられないのに、ほかの人を満たせると思うかい？

結局、的外《まとはず》れな親切になる。相手が喜んでくれないだけならまだしも、迷惑になったり、さらには怒りを買ったりしかねないわけです。

しかも、**自分が満たされていないと、いちいち見返りを求める。**恩着せがましい「してあげた」という感覚が、常にセットなんだよね。

相手にしてみれば、「親切」という名の「迷惑」をかけられた挙げ句、「感謝がない」「なにかしてもらったら、お返しをするものだ」なんて迫られるわけだから、たまったもんじゃない。誰だって逃げ出すよな。

自分で自分を満たせないって、1つとしていいことがないのです。

すべてのはじまりは自分です

自分で自分を満たせる人は、誰かに心のすき間を埋めてもらわなくても、すでに幸せです。

だから、人になにかしてあげるときも、見返りを求めることがありません。

人間ってね、自分が十分に幸せで満たされていたら、自然と、その幸せをみんなにもお福分《ふくわ》けしたいと思うものなんです。

井戸の水をイメージするとわかりやすいの。

自分の家の庭に井戸があるとして、そこに少ししか水がなかったら、ご近所さんから水を分けてほしいと頼まれても、いいですよって言えないよね。

こっちが分けてもらいたいぐらいだ。お金を出してくれるんだったら、分けてあげますよ、なんてことになる。

自分が枯渇してたら、気持ちよく人に差し出せないの。

じゃあ、井戸の水があふれて止まらないぐらい豊かだったらどうか。

あなたが使う水は十分にあるうえに、井戸からあふれてこぼれちゃってるんだとしたら、欲しい人に「どうぞ、どうぞ」って言えます。町じゅうに、「水があふれてももったいないので、みんなで汲みに来てください」と言って回るかもしれないよね。汲みに来てくれる人がいたら、水がムダにならなくてよかったと、うれしくなると思います。

井戸の水が意味するのは「愛」なんです。

愛に限度はないから、自分を愛でどんどん満たしていくと、自分は十分に満たされたあとも、豊かな水をたたえる井戸のごとく、こんこんと湧き出るの。

あふれた愛なら、それを必要とする人がいれば気前よく差し出せます。もともと自分には抱えきれない愛だから、見返りを求めるどころか、受け取ってもらえたらうれしいんだよ。

親切を受け取る側としては、これほど気楽なことはない。だから、こちらのことを好いてくれて、「なにかお礼がしたい」って言ってくれるの。それも、自分が差し出した愛より、もっといいものが返ってくることだってあるわけです。

見返りを求めないことで、結果的にものすごくトクをする。

自分で自分を満たせる人は、あふれた愛で周りも満たします。自分が幸せになっちゃえば、芋づる式に周りを幸せにできるんだよね。

あなたが、あなた自身を幸せにする。

それだけでも、この世の人間を1人救ったわけだから十分に素晴らしい。でも、1

人を救うつもりで自分を大切にしたら、実際には大勢が救われるの。

あなたの愛を受け取った人が、あなたのような生き方にあこがれて自分を大切にすれば、愛の波紋がさらに広がって、世の中はどんどんよくなるよね。

世間では、ボランティアに参加したり、寄付をしたりする人のことを立派だと言います。そういう人が、社会を変えるのだと。

なら、事情があってボランティアも寄付もできない人は立派じゃないのかというと、決してそんなことはありません。

ボランティアや寄付ができなくても、自分で自分を満たせる人は、それだけで社会の役に立っているんです。場合によっては、ボランティアや寄付をする人以上に、誰かを幸せにしているかもしれないよ。

ボランティアも寄付も、自分で自分を満たせる人がやるから意味がある。

すべてのはじまりは自分であり、自分で自分を満たすこと以上に、世の中のためになることはないんだ。

「そのままの自分でいい」という自己肯定感

日本人には真面目で誠実な人が多く、世界でも珍しいほど、「約束を守る」「予定通りに進める」ことが得意です。

日本にいると、それが当たり前に思ってしまうけど、外国人が日本を訪れると、あらゆることがスムーズでびっくりしちゃうんだよね。

日本人って、本当に素晴らしい、貴重な気質を持ってるの。

ただ、その気質で利他に傾きすぎ、自分を満たすことが抜け落ちることがある。

秩序とか、日本ならではの常識を守ろうとするあまり、必要以上に「自分の都合を優先してはならない」「相手に合わせるべきだ」みたいな感覚が強くなってるんだよね。

自分を満たすことを、「自分勝手だ」と否定してしまう。

それが、「はじめに」で紹介した共感疲労につながってしまうのです。

利他がいけないわけじゃないけど、自分を置き去りにしてしまうと、結局、利他にすらならないんだよね。

人のためを思えばこそ、まず自分から可愛がる。

それが真実なのに、勘違いして真逆のことをやっているから、人生がうまくいかなくなって苦しくなるわけです。

ここに気づいて、堂々と自分を喜ばせることをしてもらいたい、ということを、一人さんは言いたいの。

自分を大事にするには、2通りの方法があります。

1つは、先にお伝えしたように、自分の「好き」を増やすという、行動面からのアプローチです。

そして2つ目は、そのままの自分をゆるし、認めてあげること。がんばらなくていい、我慢しなくていいという、精神面からのアプローチです。

ようは、「自己肯定感を高める」わけだね。

行動面からのアプローチと、精神面からのアプローチは、車の両輪のような関係にあって、双方が同じぐらい動けば人生はスムーズに動きます。

生きていればいろんなことがあるけど、**自分を大事にできる人は、なにが起きても自分を〝不幸認定〟することはありません。**

必ず、幸せな自分でいられます。


この世に存在するものはすべて、神様がつくったものです。

もちろん人間もその1つであり、私たちは全員、神様から分けてもらった「分《わ》け御《み》霊《たま》」という魂（命）を持ちます。

この分け御霊を、肉体という器のなかに入れてもらって生まれてきた。

だから、自分のなかには内神様《うちがみさま》がいます。

もっと言うと、**私たちは神様そのもの**なんだよね。

神様は、この宇宙をつくった全知全能の存在です。

ということは、その分身である私たちもまた、完全無欠の存在、ということになります。

人はみんな、非の打ちどころなんてありません。そのままで完璧です。

いまの自分ではない何者かになろうとしなくていい。ダメなところがあったとしても、そのままの自分で最高の価値があるんだよね。

そのことを、自分で自分に言ってあげなきゃいけない。

自分にいちばん近いのは自分なのに、その自分にすらゆるしてもらえない、愛してもらえないなんて、自分がかわいそうだよ。

そしてそれは、あなたの内神様をいじめてるのと同じなんです。

自分に「そのままでいいよ」と言ってあげられたら、それだけで、心は愛で満たされます。もう、誰かに心のすき間を埋めてもらう必要はない。

自分で自分を幸せにできるんだよね。

自分は幸せなんだという軸、自己肯定感の強さがあれば、起きたことにいちいち揺さぶられることはないし、困っている人がいても、余った分の愛を差し出すだけで助けられる。自分が共感疲労に陥ることもありません。

驚くほど、軽やかに生きられるよ。

どんな波動を出すかで現実が変わる

欠点も含め、そのままの自分でいいとゆるす。自分のすべてを受け入れ、認める。これが自己肯定感であり、どんな自分でも否定しないわけだから、自然と、自信が持てるようになります。


自己肯定感を高め、自信を持つことを、「謙虚さに欠ける」「傲慢になる」と言う人がいるんだけど。

あえて言いますが、そう思うのは、「卑屈」になっているからなんだね。

自分をゆるせないとか、自分を信じられないという、否定的な気持ちを正当化するために、それを「謙虚」だと言いたいだけなのです。

自分で自分を幸せにできないことを、ごまかしてるの。

謙虚というのは、「自分なんて大したことない」と言うことではありません。**自信満々でありながら、いつも「おかげさまです」の感謝を忘れない。こういうのが、本当の謙虚さ**です。

自信があっても威張らない。偉そうにしない。知ったかぶりをしない。
自分否定で謙虚を装うのではなく、こういう人になればいいんだよ。

本当の意味で謙虚な人と、単なる卑屈な人とでは、人生に雲泥《うんでい》の差が出ます。同じ条件で、まったく同じことをしたとしても、その結果が同じになることはありません。
そのままの自分を認められる、自己肯定感の高い人って、なにをやってもいい結果を出しちゃうの。自己肯定感の高い人は周りに好かれて、いろんなサポートが受けられるからね。

で、それを見た卑屈な人は、「あの人はなにか不正をしているに違いない」「自分はいつもハズレくじを引く」「世の中は不公平だ」ってこぼすわけ。

うまくいかないのは自己肯定感が低いせいなのに、そこを見ようともせず、グチや文句を言うんだよね。

だけど、**不平不満ばかり言っていたところで、ますます泣きたくなるようなことしか起きません。**

この世界は、「波動」※で動いているからです。

ここは、自分がどんな波動を出すかで、出てくる現実が変わる場所なの。

自己肯定感の高い人は、どんな自分もゆるせます。そのままの自分を大切にして、人生を楽しみます。

こういう人がどんな波動を出しているかというと、ゆるしの波動、愛の波動、感謝の波動、楽しい波動……みたいな感じです。

つまり、明るい波動だよね。

それがまた明るい波動の出来事を引っ張ってきてくれるから、次もうれしいことが起きる。

人に恵まれ、チャンスに恵まれ、豊かな人生になるの。

いっぽう、自己肯定感の低い卑屈な人は、我慢ばかりで自分を楽しませてあげないから、心はいつも乾いているし、ストレスで疲れきっている。

自分否定がやめられないうえに、起きたことを人のせいにしたり、環境が悪いと言い訳したり。とにかく、暗い。

そうすると、地獄波動、貧乏波動になっちゃって、出てくる現実が苦しいものばかりになるわけです。人間関係にも、お金にも恵まれない。

怖がらせたいわけじゃないんです。

波動って、思いを変えるだけで変わるものだから、ちょっと行動を変えてみな、視点を変えたらいいよってことが言いたいの。

それをしないでグチや文句を言ってるだけじゃ、人生変わらないんだよね。さらに自分を不幸にするだけです。

この世界では、自分を認められないまま、なにかを求めてもうまくいきません。

自己肯定感が低いと、いっときの幸福感は手に入れられたとしても、すぐにまた「こんな自分ではいけない」という自分否定がはじまってつらくなる。

自分に好きなことをさせてあげる。

そのままの自分でいいと認めてあげる。

これを、絶対に忘れてはいけないよ。

（※）生物やモノ、現象といったこの世のすべてが持つ、周波数のようなもの。似た波動のものは引き合い、違った波動を持つものは反発し合う性質があります。

欠点が憎い？　だけどそれって宝物だよ

大小の違いはあれど、人は誰でも、自分のなかに気に入らない部分、イヤな面があるものです。そのせいで自分を受け入れられない、と言う人もいるだろう。

でも、それだとなんの工夫もないよね。

イヤな部分は、気に入らないから否定する。そんなの誰にでもできることだし、誰にでもできることにしか挑戦しないのなら、やっぱりそれなりの人生にしかならないと思います。

仕事でもなんでも、誰にでもできることは賃金もふつうです。難しい仕事になればなるほど、もらえるお金だって増えるじゃない。

人生もそうだよ。難しいことに楽しく挑戦する人には、神様がそれに見合ったご褒《ほう》美《び》をくれるの。

私たちは、もともとそのままで完璧な存在です。

だけど、神様はあえて人間を不完璧につくりました。正確に言えば、魂の外側にある、人間としての自分に「不完璧だと思い込ませる」ことをしたの。

なぜか？

その理由は神様に聞いてみなきゃわからないことだけど、一人さんが思うに、神様は面白い世界をつくりたかったんだね。

肉体を持てない高次の世界（あの世、天国）にいる自分の代わりに、分身（人間）をたくさんつくってこの世に送り込んだ。1人ひとりが違う肉体を持ち、さまざまな体験を通じて学びを得る世界をつくったわけです。

学びの場には、不自由が欠かせません。

人は、不自由だからこそ、学んでよくなりたいと思うものだからです。

それに、苦労したり、障害にぶつかって悩んだりしたぶん、壁を乗り越えたときの喜びも大きい。その過程だって面白いよね。

そんなわけで、神様は私たちを不完全にした。欠点や問題に見えるものをくっつけて、私たちが自ら学ぶようにしてくれたわけです。

人は完璧でありながら、不完全でもある。

だから、人生は楽しいのです。

さらに面白いのは、神様がくっつけてくれたものは単なる欠点じゃない、ということです。

あなたは、「こんな自分はイヤだ」と思っているかもしれないけど、それって、神様があなただけにくっつけてくれた個性なんだよね。

表面的にはイヤなものに見えても、それを磨いたあとの輝きは別格で、誰にも真似できない、自分だけの特別な魅力になる。

欠点に見えることって、実は、自分の最大の武器なんだよ。宝物なの。

お笑い芸人なんかを見ると、すごくわかりやすいんです。

ごめんなさいだけど、顔がちょっとマズいとか、髪の毛がさびしいとか、太ってるとか、そんな人気芸人ってたくさんいるじゃない。

ふつうの人が憎んで切り捨ててしまいそうな個性を、笑いに変えてるんだよね。自分の魅力にしちゃってる。

だから、オーラが光って人気が集まるわけです。

それを見習って、あなたも「私は欠点ばかりで……」なんていじけてないで、その欠点を磨いてごらん。

芸人みたいに笑いに変えてもいいし、その個性を活かしたビジネスに挑戦するって手もある。自分らしい磨き方を考えるの。

そうやって**欠点をピカピカになるまで磨き上げたとき、あなたはたくさんの学びを得て魅力を増す。**想像もつかないほど、楽しい世界に飛び込めるよ。

日本でただ1人のカリスマ中学出（笑）

一人さんは、中卒なんです。で、自分の学歴を、「カリスマ中学出です」と言っている（笑）。私にとって、もはや中卒であることは自慢なの。

中卒を自慢する人なんて、滅多にいないと思います。もしかしたら、日本で私ぐらいなものかもしれない（笑）。

だとしたら、日本でただ1人のカリスマ中学出、ということになる。

そう思った途端、東大卒とか、司法試験に合格したとか、そんなことよりはるかに特別感が出てくるんだよね。東大生も弁護士も大勢いるけど、カリスマ中学出はオンリーワンでしょ（笑）？

一人さんの場合は、これが自分の個性磨きだったんです。

中卒という、一見ネガティブな事実を、どうやって自慢に昇華させたのか。

そのヒントは、中卒という事実のどこを見るか、なんです。自分の思いなんだよ。

同級生より早く社会に出たら、それだけ多くの経験を積むことができます。大学を出た人と比べたら、7年も先を行けるの。

マラソンだと、みんながスタートする頃にはとっくにゴールしています。つまり、「同級生が新入社員で入る頃には、オレは大金持ちになってるはずだぞ」って。

だから一人さんは、「中卒っておトクだなぁ」と思った。強がりとかじゃなくて、本気でそう思ったわけです。

すると面白いんだけど、**脳がうまい具合に勘違いしてくれる**。

こちらの思いを受けて、「そうか、中卒はトクなんだな」って、本当にトクするような知恵を出しはじめるんです。

脳が高度な機能を持つことはみんなの知るところだけど、その能力の1つには、「自分の考えと現実にズレがあると、その差を全力で埋めようとする」働きがあるの。

精密な脳だからこそ、わずかな違和感もゆるさない。徹底的に、自分の思いと現実を一致させようとするわけです。

ある意味、脳は実にガンコというか、単純なんだけど（笑）。

とにもかくにも、その能力をうまく使えば、現実なんていくらでも変えられるの。

その証拠が、一人さんです。中卒で納税額日本一という、とうてい考えられないことを、私の脳は成し遂げてくれた。

脳の思い込みは、現実を動かすとんでもない馬力があるんだ。

脳にとっては、1万円を稼ぐことも、100万円を引っ張ってくるのも同じです。じゃあ、1万円と100万円の差はどこで生じるのかというと、自分がどれだけ脳をその気にさせるか。ここにかかってるの。

自分が100万円を稼げないのは、どう考えてもおかしいぞ。本気の本気でそう思えば、脳は勝手に、「どうすれば、このおかしな状況を変えられるか」を考えてくれる。ひらめきや知恵を出してくれるんだよ。

あとは、そのひらめきや知恵を使って、あなたがちょっと行動すればいい。それで本当に100万円が入ってくるわけです。

結局、自己肯定感なんです。

なにか特別な才能がなきゃ豊かになれないとか、人より秀でなきゃ成功しないとか、そんなふうに思うから自己肯定感を高められないし、豊かになれないし、成功しないという、思った通りの現実しか出てこないの。

その点、一人さんはもともと超がつくほど自己肯定感が高い。**自分はそのままで完**

璧であることを、疑ったことがないんです。

私は、商いで成功したから自尊心が育ったのではなく、なにもないときから自信満々だったの。

完璧な自分が中卒を選んだわけだから、それがもっとも自分を幸せにする道であると100%信じていたし、だからサラッと「オレはカリスマ中学出だ」なんていう自慢にも変えられた。私はもともと学校に行きたくなかったタイプだから、自分にとっては、中卒って最初から予定通りなの。

そうして、そう思い込んだ脳が、勝手に納税王の人生をつくり出してくれたおかげで、いまの斎藤一人があるわけです。

あなたを幸せにする口癖を身につけな

愛は、「あいうえお」の1番目である「あ」と、2番目の「い」をつなげた言葉です。

これがなにを意味するのかというと、あらゆる言葉のなかで、愛がもっとも重要ですよ。愛の波動がないと、幸せにはなれませんよっていうことなんだよね。

愛のある顔で、愛のある言葉を話し、愛のある行動で、自分にも人にも愛を出す。

人は、愛で満たされた人生を送らなきゃいけない。

そうでないと幸せになれないんだよね。


一人さんは、日本語には不思議な力があると信じています。

いまお伝えした「愛」のように、日本語には、神のメッセージが随所にちりばめられている。

実際、日本は昔から「言霊《ことだま》の国」と言われてきました。

言霊というのは、言葉に宿る波動のことです。言葉には、その言葉の意味と同じエネルギーがあるんだよね。

愛のある明るい言葉を使う人は、その言霊をシャワーのごとく浴びるようなものだから、その人自身の波動まで、愛に満ちて明るくなります。

いい言葉を使っているだけで、勝手に自己肯定感が上がるわけです。

愛のある明るい言葉のことを、私は「天国言葉」と呼びます。

天国言葉を使うと、ずっと暗いことばかり考えてきたような人でも、簡単にその暗闇から抜け出すことができる。

言霊には、それぐらい強い力があります。

逆に言うと、「地獄言葉（言う人も、聞く人も不快になる言葉）」を使ってばかりいると、いとも簡単に暗闇に迷い込んでしまう。ということになるんだけれどね。

言葉は、単なる意思疎通のためのツールではなく、この世界を生きるうえで重要な役割を持ちます。

たとえば、病気になって薬を飲むのでも、天国言葉を使いながら飲むのか、地獄言葉を言いながら飲むかで、同じ薬でも治り方が全然違ってきちゃうんだよ。

一人さんが知ってるだけでも、病気で寝込んでいた人が、天国言葉をしゃべりだした途端に不調が改善したとか、そんな例はいくつもあります。

天国言葉をじゃんじゃん使う人は、天国波動を出して、奇跡みたいなことが起きてくるわけです。

それは自分のことに限らず、大切な人が病気になったりした場合も同じです。

そばにいる人が天国言葉をたくさん話すことで、その天国波動が、大切な人にも伝わって病気がよくなる。そんなケースも、私は数えきれないほど見てきました。

ご飯食べに行ってさ、黙って座っってても欲しいものは出てこないでしょ?

蕎麦が食べたいんだったら、「蕎麦をください」と注文しなきゃいけないでしょ?

それと同じで、自分の住む世界を天国にしたかったら、先に天国波動になるの。そのために、天国言葉を使うんだよね。

神様は人間が大好きだから、その人が思っていること、言葉に出していることを無償で与えてくれます。

反対に、気をつけなきゃいけないのは、いつも愚痴や不平不満ばかりだと、そっちを望んでいると思われちゃうんだよね。

だから、言葉を軽く見ちゃいけない。

たとえ心では「ムカつくなぁ」と思っても、そういうときほど、口では「幸せだなぁ」「ツイてるぞ」って、何度も何度も言い続けることですよ。

そうすれば、神様は幸せなこと、ツイてる出来事を出してくれるからね。

自己肯定感
Q&A

Q 自己肯定感が高いのと、自己中心的であることとはどう違うの？

自己中心的、いわゆる「ジコチュー」はよくない、というのは世間の共通認識だと思いますが、では、自己中心的であることと、自己肯定感が高いことには、どんな違いがあるのでしょうか？

はい、お答えします。
自己肯定感が高いのと、自己中心的であることのいちばんの違いは、
「人に好かれるか、嫌われるか」です。

自己中心的な人というのは、自分勝手なワガママで周りを振り回します。だから嫌われる。

それに対し、自己肯定感が高い人は、自分をゆるし、認めています。自分がいちばん自分を愛していて、すごく満たされてるの。

自分が幸せなら、ほかの人の幸せも心底願うことができるから、特別なことなんかしなくても自然と好かれちゃうんだよ。

なにより、自己肯定感の高い人は、「自己肯定感と自己中心的の違いは？」なんて考えなくたって人生うまくいくし、好きなことをするのに忙しい。

そんな面倒なギモン、頭に浮かぶことすらないんじゃないかな（笑）。

第2章

「正しいワガママ」って いいもんですよ

欲深いのは見苦しいって、それホントかな？

自分で自分の機嫌を取り、心を満たす。

究極的な話になっちゃうけど、これが完璧にできたら、**たとえ自分が全世界から非難されることがあっても不幸にならないんだよね。**

自分が自分のいちばんの味方で、上気元《じょうきげん》（一人さんは、上機嫌をこう書きます）に生きていれば、周りじゅうから嫌われたって関係ない。

自分といういちばんの親友が自分を信じ、愛してくれるわけだからね。

といっても、自己肯定感の高い人は自分も人も幸せにするから、全世界にソッポ向かれることは100％ないんだけど。

それぐらい、自己肯定感というのは自分の支えになるよ。ということが言いたいわけです。

だから、自己肯定感を上げるために、人は自分の「好き」を捨ててはいけません。

それはつまり、欲を持つということなんだよね。

自分で自分の機嫌を取ろうと思ったら、必ず欲がセットになります。

欲深いのは、ガツガツして見苦しい、がめつい、などと言われがちです。欲を持つと、まるで人の道を外れるようなイメージがあると思われてるの。

でもそれって、昔の人が強制的に庶民に植えつけた感覚なんだよね。

本当は、**欲を持つことのほうが神的な生き方**です。


欲が悪いことだと浸透させたのは、その昔、国を治めていた殿様とか、公家とか、そういった為政者《いせいしゃ》です。

庶民が欲を持っちゃうと、力をつけて言うことを聞かなくなる。それだとマズいから、「清いものは貧しい」という〝清貧の意識〟をすり込んだの。

人間のあるべき美しい姿は、欲を持たず、貧しいながらも真面目に働くことである。

それが、人として美しい生き方だって。

ようは、特権階級の自分たちだけが贅沢できるようにしたかったわけです。仕組まれた〝デタラメ〟だなんて思わず、人々は、貧しさのなか真面目に働いたんだよね。

そうやって何百年と刷り込まれてきた意識は、急には変えられません。

もちろん、時代の流れとともに、「欲を持つのって、そんなに悪いこと？」と疑問を持つ人も出てきて、昔に比べたら自由な世の中になりました。

だけど、まだまだ多くの人は、「欲を持ちすぎると痛い目にあう」みたいな思い込みに縛られています。

欲を持つことを自分にゆるせても、その欲はささやかなものじゃないといけないって、自分にブレーキをかけている。

でもね、そもそも人間に欲があるのは、神様がつけてくれたからです。

この世界は進化し続けるものだから、もし欲が不要なものだとしたら、進化の過程で消えてしまったはず。にもかかわらず、昔よりも欲を持つ人は増えているし、望みのスケールだってどんどん大きくなっています。

ということは、欲は持ったほうがいいんだよね。

楽しい欲を持てば持つほど人は幸せになるし、世の中も発展する。それが、神様からのメッセージです。

神様が人間につけてくれたものに、不必要なものなんてないんだ。

もちろん、なかには人を傷つけたり、迷惑をかけたりする、自分勝手な欲を持つ人もいます。欲を、人を不快にさせる材料にしちゃったり……。

そんな欲を持つことは、たしかに見苦しい。

けど、それってカッコ悪いじゃない。人に嫌われるよな。

欲は欲でも、人に嫌われるような欲を持つのは、決して自分を大切にしているとは言えません。人に嫌われる自分なんて、少しも楽しくないでしょ？

こういう欲を持つのは、自己肯定感が低い証拠です。

自分で自分を否定することしかできないから、なんとか心のすき間を埋めようとして、がめつくなってるだけなの。

でもね、自分を大切にしだしたら、間違った欲を持つことはなくなります。

自分を愛し、そのままでいいとゆるせたら、自分や人の幸せにつながる「楽しい欲」だけに目がいくようになる。

楽しい欲は「正しいワガママ」であり、持てば持つほど、みんなを幸せにしてあげられますよ。

不調は「我慢しすぎですよ」のサイン

買い物をするのに、「あっちのスーパーは卵が10円安いわ」なんて、遠くまで楽しそうに自転車をこいでいく人がいるんです。旦那が帰ってきたら、嬉々《きき》として「今日は卵が安く買えてね〜♪」なんて自慢しちゃったり（笑）。

この、**卵を10円安く買いたいというのも欲の1つ**なの。楽しい欲なんだよね。

もしこれが追い詰められた節約なら、まず楽しそうな顔になりません。我慢のにじむ表情になるはずだし、イライラして旦那にも当たり散らすだろう。

第一、楽しくもないことはすぐ疲れちゃって、長続きしないものです。

なにが言いたいんですかっていうと、**楽しい欲を持っている人は、心もだけど、体まで元気になるんだよ。**

さっきの節約だって、その欲を叶《かな》えることが楽しいから、遠くまで自転車をこいでいけるんだよね。元気じゃなきゃ、そんなことできないの。

登山が趣味の人にしても、大好きな山登りがしたいから元気なんです。

ショッピングだって、あちこちお店を見て回ろうと思ったら、相当な健脚じゃなきゃいけない。つまり、オシャレしたい、買い物をしたいという楽しい欲が、自分を元気でいさせてくれるんだよね。

だから、**具合が悪くてなかなか治らないときは、ちょっと考えてみたらいい。楽しい欲を忘れていないかな、自分に我慢させてないかなって。**

とくに、原因不明の不調の場合は心因性のことも多い。ひょっとしたら、欲を捨ててしまったことが不調の原因かもしれないよね。

その場合は、楽しい欲を思い出すことで回復してくることも多いわけです。

あと、日ごろから病気に対して、

「何十万も入院費を払うぐらいなら、新作のブランドバッグを買ったほうがよっぽど楽しい」

「入院なんてしてないで、高級ホテルのスイートルームに泊まろう」

なんて思ってる人も、すごく元気です。

ブランドバッグが欲しい。スイートルームに泊まりたい。

そんな欲を持っていると、脳が本当にそうなるように動いてくれるの。病気の予防につながるような情報を集めてくれるとかさ。

もちろん、全員が全員、そうだと言ってるわけじゃないですよ。

本来は病気しないはずの人でも、自己肯定感が低くなるような生き方をしちゃうと、余計な病気を引き寄せてしまう。

だけど、楽しい欲を持てば病気しないでいられますよって話なの。

自己肯定感が高くても、病気になることはあります。

でも、それはいまの自分に原因があるわけではなく、今世《こんぜ》の修行として、自分で決めてきたことかもしれないね。自分に必要で起きていることなの。

一人さんも小さいときからとにかく体が弱くて、いまこうして元気でいられるのが不思議なぐらい病気を繰り返したんだけど、それもやっぱり意味があったわけです。

病弱だったおかげで、少しでも元気になれればと健康食品に興味を持ったし、それで会社を興して納税額日本一になった。

一人さんの人生には、どうしても病気が必要だったんだね。

そしてそれをちゃんと活かしたから、私はこんなに幸せなのです。

そうそう。数々の入院生活では、こんな面白い発見もあったな。

入院してると、いろんな患者仲間ができます。その人たちを見てると、人間はかくも欲に正直なものかと思ったんです。

ケガや病気をすれば、たいていリハビリがあります。そのときにね、やさしい女性看護師さんがついてくれると、男はガゼン張り切りだす（笑）。

それとか、奥さんのほかに彼女が2～3人いるような人は、さっさと治して彼女に会いたいから、医者が「ムリしちゃダメですよ」と言ってんのに、聞く耳も持たずリハビリしまくる（笑）。

楽しい欲って、本当にいいものですね（笑）。


世間を観察しても、**欲の深い人ほど見た目も若いしパワフルなんです。**

それに対して、**欲のない人はどんどん老け込み、魅力もなくなっちゃってる。**挙げ句、具合悪くなったりしてさ。

そんな人生、つまらないじゃない。

人は、欲を持つことで輝くし、魅力も増す。

元気でこの世界を楽しみたかったら、我慢してはいけないんだ。

自分にとって正しい道を選ばなきゃいけない

大人になると、家族のため、子どものためって、1つ、また1つと夢を捨ててしまう人が多いんです。

旦那は働いてるのに、自分だけ遊びに行くのは悪い。子どもが受験だから、母親が遊び歩いちゃダメだ。そんなふうに、遊びたい気持ちを抑えて家にいるとかさ。

それで自分が幸せならいいんだけど、グチをこぼすぐらいだったら、我慢しないで外に出たほうがいいよね。

そのほうが、よっぽど家族のためでもある。

家にいることが正解ならば、不満なんか出てくるはずがありません。第一、家族は、みんな幸せでなきゃおかしい。

でも、そうじゃないってことは、あなたや家族にとって、あなたが家に閉じこもってることは間違いなんです。

幸せじゃないときというのは、自分のやってること、考え方を変えなきゃいけないよっていうお知らせなの。

世間の常識では、母親が遊び歩くなんて論外、というイメージがあるかもしれないし、それが間違っているとは言いません。

この世界はとてつもなく広いからね。なかには、遊び歩かないほうが幸せって人もいると思います。

ただ、グチを漏らしてしまうような人にとっては、その常識は正しくないということです。

あなたは、世間の正しさではなく、自分にとって正しい「楽しい道」を選ばなきゃ

いけないんだよ。自分で自分を幸せにしようと思ったら、楽しい道に進むしかない。

常識は人間がつくったものにすぎず、宇宙の絶対的なルールではありません。

常識のなかには、人が社会で生きるうえで大事なこと、正しいこともあるけれど、未熟な人間という生き物がつくったものだからこそ、間違っていることもたくさんある。

世間は神様じゃないし、世間があなたを幸せにしてくれるわけでもないよね。

そんな世間のルールに、盲目的に乗っかってちゃダメなんです。

常識を疑いもせず我慢ばかりしていると、幸せは永遠に訪れません。

辛気《しんき》くさい顔のあなたが家にいたら、その辛気くさい貧乏波動で、家族まで貧乏波動に染まってしまいます。

自分にも、家族にも、グチを言いたくなることばかり起きます。

家族のために遊びもしないで家にいることが、かえって家族の足を引っ張ることになる。家族のお荷物になっちゃうんだよね。

それは、あなた自身がいちばん望まないことだと思います。

だったら、好きなことをして笑顔だよ。

家族を思うのなら、自分を満たし、自己肯定感を上げて幸せ波動になりな。

家のなかに1人でも明るい波動の人がいたら、なにがあっても家庭から笑いが消えることはありません。家族みんなが幸せになります。


いままで間違った道を進んできた人は、いま、ここでやり直せばいいんです。いまさらやり直しても遅い、なんてことはありません。

電車だって、乗り間違えたとわかったら、すぐ正しい電車に乗り換えるでしょ？ 間違えているのを知りながら、「いまさら乗り換えても、もう遅い」なんて乗り続ける人はいないと思います。

電車だろうが、人生だろうが、間違いに気づいたら、即、修正すればいいだけのこと。人は何歳になっても、どんな環境にいても、いくらでもやり直せるからね。

遠回りになったっていいじゃない。それもまた、楽しい経験の１つ。

その遠回りがあなたの人生に色を添え、深みを増してくれるんじゃないかな。

「楽しい」はラクすることとは違いますよ

したいことをする。自分に我慢させない。

という話をしたときにね、「仕事がイヤなので、行かなくていいですか？」なんて質問が来ることがあるんです。

結論から言うと、それで幸せになれる人もいるし、そうじゃないこともある。

人はみんな、それぞれ違った環境で生きているからです。

たとえば、あなたは資産家に生まれ、働かなくても食べていけるゆとりがあるとします。だったら、別に仕事をしなくても問題ないよね。働くことがイヤなら、毎日遊んで暮らしたっていいんです。

ひょっとしたら、遊んで暮らすことが自分の仕事になるかもしれないよ。
いまは、楽しそうに遊ぶ様子をインターネットで紹介することで、収入を得る人も多い時代だからね。

でも、仕事を辞めたらたちまち生活に困るって場合は、やっぱり仕事をするしかない。生活が苦しい自分って、少しも幸せじゃないもんな。

目先の感情は「仕事がイヤ」だとしても、それを優先することで自分が苦しむのなら、これは自分を大切にしていないことになります。

じゃあ、こういう場合はどうしたらいいのかっていうと、イヤな仕事を、いかに楽しむかということに着目すればいい。

なんとしてでも、自分に楽しく仕事をさせてあげる。その知恵を出すことが、自分を大事にすることなんだよね。

「楽しい」は、ラクできるという意味ではありません。ただ、ラクではなくても、楽しかったら仕事がイヤになることはないのです。

いまの仕事で、どうやったら仕事が楽しくなるか工夫してみな。小さなことでもいいから、思いついたことをぜんぶ実行するの。

オシャレして出社すれば、会社に行くことが楽しいかな？可愛い文房具を使えば、ちょっとテンション上がるかも。先にこれをやったら、仕事の効率が上がって気分がいいぞ。

そんな感じで、イヤな気持ちが軽くなりそうなアイデアを取り入れる。1個1個は些細《ささい》なことでも、それが10個、20個と積み上がったときに、ものすごく上気元で働いている自分がいるかもしれないよ。

ふつうに考えて、会社で時計ばかり見て、「早く終業時間にならないかな」なんて思っている従業員がいたら、会社は困っちゃうよな。出世させたいとか、給料を上げてやりたいとか、そんなこと思わないだろう。

その反対に、自分で工夫しながら仕事を楽しみ、いつ会っても上気元な社員がいたら、これは間違いなく目をかけてもらえます。

そういう人は、たいてい仕事も効率的にこなして成果を出すものだから、会社だって大事にしたくなるんだよ。

それで出世したり、給料が上がったりすれば、仕事はますます面白くなる。どんどん、いい循環ができていきます。

ただし、工夫してもうまくいかないときがある。

そういう場合は、いまの仕事はあなたに向いてないんだね。

だとしたら、もっとあなたを大切にしてくれる会社、あなたが楽しく働けそうな仕事を探して転職するのも知恵です。

思い切って独立する、という挑戦だってあるよね。

人生には無数の選択肢があるけれど、自分を大切にしているあなたなら、どの道を

選んでも間違うことはありません。

恐れず、思う通りに生きていいんだ。

テコでも勉強しない息子にお袋さんは……

お伝えしているように、一人さんは中学しか出ていません。しかも、小学生の頃からまともに登校したことはなく、いつも遅刻のうえに早退（笑）。

私は、大の勉強嫌いだったんです。

うちのお袋さんは、そんな息子を認め、受け入れてくれたわけだけど、実を言うと、当初はそうじゃなかった。口うるさく、「学校へ行かなきゃダメだよ」「勉強しなさい」と言ってたの。

ただ、当の本人はテコでも言うことを聞かない（笑）。

お袋さんが家庭教師を雇ったときなんて、先生が来る時間になると、家を抜け出して逃げ回ったよね。家庭教師のほうが、根負けして辞めちゃったぐらいなんです（笑）。

だけど、そんな一人さんを見るうちにお袋さんは悟った。

無理に学校へ行かせようとか、勉強をさせようとしなくなったの。自由を認めてくれたんです。

そしてあるとき、こんなことを言ってくれました。

「ボクちゃん（子どもの頃、私は母にそう呼ばれていました）ほど勉強の嫌いな子も珍しいけど、そういう子は社会向きなんだよ。だから、大人になって仕事をするようになったら、必ず出世してうまくいくよ。

母さん、ボクちゃんが社会に出るのを楽しみにしてるからね」

人間は神様がつくったもの。**どんな人にも得意なことがあって、なにひとつ向いてるものがない人なんていないよ**。そう言って、安心させてくれたのです。

このお袋さんの言葉が、その後の一人さんをつくったと言っても過言じゃない。それぐらい、深く心にしみ入《い》ったの。母の愛だよね。

それともう1つ。こんなエピソードも思い出したので言い添えておきます。

これはあまり話したことがないと思うんだけど、一人さん、小さいときに、考古学者になりたいなぁって思ったことがある。

私は勉強こそ嫌いだったけど、読書や映画鑑賞は大好きだったんです。で、学校へも行かず本を読みふける、映画館に入り浸る、という毎日のなかで、あるとき考古学に興味を持ったの。

そんな折に、お袋さんが聞いてきた。

「ボクちゃんは、大きくなったらなにになりたいの？」

すかさず考古学者になりたいと答えたら、お袋さんが言うわけ。

「それはいいね〜。けど、考古学っていうと、どんな発見もぜんぶ過ぎたことだからねぇ……」

もちろん、お袋さんは考古学を否定したわけじゃない。これは、私のことを思っての言葉なんだよ。

お袋さんは、一人さんの勉強嫌いをよく知っています。

ところが、考古学者になろうと思うと、学校へ行かなきゃならない。高校、大学、場合によっては大学院にも進学しなきゃならない、難しい職業です。そんなのが、私に向いてるわけがない（笑）。

いま思えば、自分でも考古学者には向かないとわかるんだけど、当時は幼かったからね。そんなことまで考えが及ばなかった。

だからお袋さんが、それとなく「考え直したらどう？」と教えてくれたわけです。

現に私は、このときのお袋さんの言葉で、あっさり考古学者になることをあきらめたのでした（笑）。

いろんな人の質問でね、

「子どもが言うことを聞かずイライラする」

「思い通りにならない子どもを見ると、自分の育て方が悪いのだと自己嫌悪に陥る」

みたいなのがあるんです。

そういうお悩みにまず一人さんが言いたいのは、**親の言うことを聞かせようとするほうが間違っている**ということです。

親は、子どものためを思って言うことを聞かせようとするのですが、それって、むしろ子どもを苦しめることになるんだよね。

親の押しつけが、子どもの人生を壊しちゃうの。

どんな子にも、その子に向いている道が必ずあります。自分らしく、幸せになれる人生が用意されているものです。

そしてそれは、本人のやりたいようにすることで、自然に導かれるんだよね。

一人さんの人生を見てもらえば、そのことがよくわかると思います。

子どものことは、愛をもって見守っていればいい。

助けを求められたときだけ、手を貸してやればそれで十分です。

このことを肝に銘じて、ガミガミ言わないことですよ。

杉はまっすぐ。松は曲がる。逆らっちゃいけません

杉の木は、まっすぐ育つようになっています。

それに対して、松の木は、くねくね曲がるのがふつうです。

杉の木は、松林のなかにポツンと1本植えられてもまっすぐに育つし、松にしても、杉林のなかにいたって好きに曲がります。

どちらも、自分らしさを貫いているんだよね。

私は、人間もそうあるべきだと思うのです。


人は弱い生き物だから、自分を取り巻く環境にどうしても影響されやすい。

周りがみんな杉みたいな生き方をしていれば、松の自分も、それに合わせてまっすぐにならなきゃいけない気がするわけ。

だけど、**松は本来、曲がりながら育つのが自然です。曲がるほうが心地いいし、自**

分にメリットがある。

曲がることが幸せなのに、それを無理やりまっすぐにすると、ヒビが入ったり、折れたりするんだよね。

人生で言えば、なにをしても裏目に出てうまくいかないとか、転んで傷つくとか、とにかく生きることがつらくなる。

松は曲がらなきゃダメなんです。

杉のなかに放り込まれようがどうしようが、「曲がる」という自分らしさを絶対に失ってはならないのです。

みんながまっすぐだからって、自分もまっすぐ生きるのがいいわけじゃない。

自分らしさに逆らっちゃいけないんだ。

たとえば、世間では、

「一度決めたことは最後までやりきる」

「遊んでばかりじゃしょうがない」

「自分よりも人に尽くすべきだ」

みたいなのが常識とされる。

それが自分にとって正しいという人もいるとは思いますが、一人さん的に言えば、ほとんどの人にとってはそうじゃない。


まず、**人は常に進化し続けるものであり、どんな瞬間も、そのときの自分が出せる最高の知恵で生きています**。1年前には正しいと思ったけど、進化したいまは、間違いだと思うことがあるんだよね。

つまり、人間の心は移ろいやすい。

心はコロコロ変わるから「ココロ（心）」です。一度決めたことをやり抜けることもあるけど、そうじゃないことのほうが圧倒的に多いんだよね。

それから、自分に遊びを与えないのは、自ら波動を下げる行為であり、自分で自分を不幸にするだけです。遊びは、人生に必要不可欠なの。

また、自分よりも人に尽くすことが立派なのではなく、自分を最優先に可愛がりまくるから人を幸せにするし、そういう人こそ、社会にも貢献できる立派な人です。

もちろん、**杉の木も、松の木も、どちらも正しいんだよ。まっすぐ生きたい人もいれば、曲がりたい人もいる。それぞれの個性があるだけ**です。

だから、お互いに否定したりせず、「そういう生き方もあるんだね」「あなたも私も、どっちも楽しいね」って認め合う。

それが人のあるべき姿で、この世界を平和に、楽しく発展させる道なんだよ。

難しいことじゃない。

自分に合った道を行けば、みんな満たされる。

ただそれだけのことなのです。

問題は悩むために起きるわけじゃない

人生に困ったことは起きません。困らなきゃいけないことなんて、実は1つもないんだよね。

では、どうして人はしょっちゅう困るのか。

それは、**困っているのではなく学んでいる**のです。

人間は未熟だから、自分に不都合なことがないと、本気で学ぼうとしません。困ったなぁって思うようなことがあって、はじめて真剣に考えだす。

だから困るようなことが起きるだけで、本当は困る必要なんてないんだよ。ただ、学べばいいだけ。

出てきた問題は、あなたを悩ませるためのものではありません。

そこに隠されている学びに気づけば、それで終わりなの。**学んでしまえば、問題は**

不思議なほどあっさり解決します。

一人さんの話をすれば、私はよく、周りから「悩みのタネも出てこないでしょ？」と言われるの。

でも、それはちょっと違っていて……。

私にも、問題なんていくらでも出てきます。

だけど**一人さんの場合、なにか起きても瞬間的に学びに変えちゃう**んだよ。そして、すべて「こういうのも人生の面白さだなぁ」と受け止める。

悩むヒマがないぐらいのスピードで問題解決するから、周りには、問題すら起きていないように見えるんだね。

では、どうすれば、いち早く問題解決できる、悩まない自分になれるのか。

これはもう、自己肯定感を上げるしかない。

悩みをうまくかわせる人って、総じて思いが明るいんです。

自分はそのままで最高だ。
なにがあっても、自分の価値が揺らぐことはない。
そういう確たる自己肯定感がある。
だから、問題が起きても困ることがないわけです。

一人さんなんて、悪夢ですら、夢のなかで「これはツイてるぞ」って思うぐらいだからね（笑）。

悪夢を見ると、「悪いことが起きる前兆だ」なんて不安におびえる人がいるのですが、そんなの正夢であるわけがない。

悪夢が現実に悪いことをもたらすのだとしたら、それは、自分の「悪いことが起きるんじゃないか」という不安波動が原因だよね。

その点、私は「夢のなかで悪いことを消化できてラッキーだ」とか、「悪夢ほど、幸運のお知らせだぞ」って思うからね。
すべて自分に都合よく、よかった、よかった、なの。

その波動で、悪夢を見てもなぜかいいことが起きちゃう。それでまた、「ツイてるぞ」って言うから、さらにいいことが重なるわけです。

人生は、いかに自分に都合よく考えるか。ただそれだけです。

自分を幸せにするのって、本当に簡単なんだ。

だから私は甘い実のなるタネを植え続ける

未来は、いま自分がなにを考え、どんな思いを持っているかで決まります。

そしていま自分の身に起きていることは、過去の自分がどんな波動だったかという、答え合わせです。

自分に起きたことはぜんぶ、自分に100％責任がある。

いま苦しい人は、過去に苦しい思いを抱えていたはずだし、いま幸せなら、過去の自分もやっぱり幸せだったはずなの。

自分のまいた「思いのタネ」が実りのときを迎えたら、よくも悪くも、必ず自分の手で刈り取らなきゃいけないんだよね。

人生という畑に、甘い実のなるタネを植えたら、やがて甘い実が収穫できます。唐辛子みたいな刺激的なタネをまけば、収穫できるのはやっぱり刺激的な実なの。**タネをまいてもいないものは、絶対に刈り取れません。**

これを「因果《いんが》の法則」と言うのですが、実は、因果って今世だけの話じゃないんです。過去世――つまり、前世とか、それ以前の人生で思ったことが、時を経て、いまここに出てくることもある（※）。

たとえば、それほどいい波動とは思えない人に、突然、奇跡みたいな幸運が降ってくるとか。あるいは、ずっと明るい波動でいる人が、考えられないような災難に巻き込まれたとか。

こういうのは、もしかしたら過去世の影響かもしれません。

でもね、仮にそうだとしても慌てることはない。

対処法は、いつも同じなの。

幸運に恵まれたからって、調子に乗って偉そうにしない。

天狗《てんぐ》になって周りに不快な思いをさせてると、その波動で、この先に〝転落人生〟がつくられます。せっかく過去世からの贈りもので幸運を受け取っても、すぐにそれを失っちゃうんだよね。

手にしたものを失うだけならまだよくて、最悪の場合、もとの場所より下に落ちることもある。

だから、「**みなさんのおかげです**」**という感謝を忘れずにいる**ことですよ。

そして、突然の不運に見舞われた場合は、そのことで波動をズルズル落とし続けないこと。

ここにどんな学びがあるんだろうって、明るい面を見るんだよ。

起きたことに振り回されないで学びを探せる人は、一時的に波動が落ちてしまって

も、すぐにまた上を目指せます。

明るい波動、幸せな現実を取り戻せるからね。

因果に悪いイメージを持ち、恐《こわ》がる人もいます。

たしかに、過去世の自分がしたこと、考えたことは、今世の自分にはどうにもできないことだから、その気持ちはわからなくもない。

でも、一人さんなんかはむしろ、因果の法則ってオトクなものだと思うよ。

なぜなら、**いまここで自分が楽しんでいれば、過去の悪い波動をなかったことにできるし、今世はもちろん、来世や、さらにその先に向けても「幸運貯金」ができるわけだからね。**

いまの自分から、未来の自分に贈りものができるなんて最高じゃない？

未来の自分が、いま以上にラクに生きられる、ますます幸せでいられると思うと、こんなオトクな話はありません。

だから私は、せっせと甘い実のなるタネを植え続ける。

今日も明日も、楽しい欲を自分にゆるし、思う通りに好きなことをするのです。

（※）肉体は死んでも、そのなかにある魂まで消えてなくなることはない。魂はいったんあの世に帰るだけで、時を経て、また別の肉体を持って生まれる。という考え方を前提にしています。

自己肯定感
Q&A

Q 挫折で自己肯定感が下がるぐらいなら、現状維持のほうがいい？

自信をつけたくてなにかに挑戦しても、いつも失敗して心が折れそうになります。

挫折ばかりで自己肯定感が下がるぐらいなら、現状維持で生きていたほうがいいのではないでしょうか？

自己肯定感が下がるぐらいなら、挑戦しないほうがいい。あなたがそう思うんだったら、それがあなたにとって正解です。

これが自己肯定感であり、挑戦しないことがあなたのアイデンティティなんだよね。

自己肯定感は、そのままの自分でいいと受け入れることです。なにかに挑戦しなきゃいけないわけじゃない。

ということを、まずわかったほうがいいね。

自信というのは、根拠のないものです。これができるから自信が持てるとか、なにもできないから自信もない、みたいな話ではありません。

なにも持たない自分でも、そのままでいい。自分という人間は、存在するだけで唯一無二の価値があるのだと認める。

そこから湧き出るものが、本物の自信です。

いまのあなたに必要なのは、自分が価値ある存在であると知り、

「そのままの自分が最高なんだ」

と、何度も何度も自分に言ってあげることだと思いますよ。

それができたうえで、やりたいことには挑戦すればいい。

失敗ばかりで心が折れるのは、やりたくないことをやってるからです。やりたいことなら、心が折れることなんてないんだよ。

やりたくないことに挑戦しちゃいけないの。

苦手なこと、イヤなことは、「自分の人生に必要ない」というお知らせだから、克服しようと思っちゃダメだよ。がんばっても苦しいだけです。

やりたくないことは、頑としてやらないのが自己肯定感の高さです。そして、やりはじめても、途中でやりたくなくなったらやめればいい。

これが、一人さん流の生き方なんだ。

第3章

絶対に傷つかない、傷つけない人間関係がある

自分を粗末にするから人間関係が悪くなる

一人さんは大の勉強嫌いで、まともに学校へ行かなかったとお伝えしました。なんだけど、正確に言えば、学校へ行くこと自体は楽しかったんです。

学校には、楽しい友だちがいっぱいいいたからね。

朝、目が覚めたらだいたいお昼ぐらいだったんだけど（笑）、ふつうは、そんな時間から学校へ行ったってしょうがないと思うでしょ？

でも私は、友だちに会うために登校したの。欠席した日には、放課後、友だちが何人もうちに遊びに来てくれたんです。

まともに学校へ行ってないと言うと、一人さんの子ども時代は、友だちもいない暗いものだったと思われるかもしれない。けど、決してそんなことはなかった。

私は、子どものときからいまに至るまで、友だちのことで悩んだことはありません。

いまも昔もいい仲間に囲まれ、人生を楽しんでいます。

それと、うちのお弟子さんたちの話をすれば、みんな、もともとはサプリメントとか化粧品に興味があって集まったわけじゃないんだよね。

楽しい仲間と仕事をしてたらうまくいって、それを見た人が、「私も仲間に入れて～」ってやってきた。それで仲間が増えて、売り上げもますます伸びていったのです。

いい仲間と、楽しく働く。

極論、仕事はここがいちばん重要なんだよね。

興味のある仕事、得意な仕事に就くことも大事ではあるけど、そうでなくても、人間関係がよければどんな仕事も楽しくなる。うまくいきます。

人生の問題は、そのほとんどが人間関係に起因します。

勉強が嫌いでも、いい友だちがいれば学校は楽しいものだし、仕事だって、職場の同僚や上司に恵まれてたら、仕事の内容が自分の希望と違っていても楽しい。

人はしばしば、学校がつまらない、仕事が面白くないって言うけど、その最大の原因は人間関係にあります。

で、**人間関係のキホンはなにかというと、他人ではなく自分自身との付き合い方**なんだよ。

自分を大切にし、自分が自分のいちばんの親友でいられる人は、ほかの人ともいい関係になれます。

ふだんから自分を満たしてると、「こういうのが幸せ」ってわかる。それを人にもしてあげたら、相手に喜ばれるからね。

人の喜ぶことを、無意識にサラッとできて、周りが勝手に喜んであなたを好いてくれる。どうすれば目の前の人と親しくなれるか、なんて考える必要もないんだよ。

これが、幸せな人間関係づくりの極意なの。

時々、ものすごく人に尽くしてるわりに、なぜか周りに好かれない人がいます。それって原因は明らかなの。

自分を可愛がってないんだね。

自己肯定感が低いから、相手の顔色をうかがってるのが透けて見えたり、どこか押しつけがましい親切だったりして、相手が迷惑してるのだと思います。

こういうケースって、親に愛されなかった人に多いの。

嫌われないように、関心を持ってもらえるようにっていう、親の機嫌をうかがう生活だったから、それが染みついて、大人になっても人の機嫌をうかがってしまう。

そういうのは、相手にとって心地いいものではありません。だから、「悪い人じゃないんだけど、苦手なのよね……」なんて避けられちゃうんです。

でもね、もう親のせいにして自分をいじめるのはやめようよ。

あなたはそのままで価値がある。親に愛されないのは、あなたに問題があるからじゃない。親は、親の事情で子どもをうまく愛せないだけです。

こういうことを知って、まず自分否定をやめることだよ。そのままの自分でいいんだって思いな。

あなた自身が、自分のいちばんの理解者となって自分を愛してあげたら、もうほかの誰かに愛を求めることはなくなります。

あなたが自己肯定感を高めたら、周りの人とも、愛を出し合える素晴らしい関係が築けるよ。

弱いフリしてるけど、あなた本当は強いよね（笑）

「定《さだ》め」というものがあるんです。

それは人それぞれに違うのですが、自分の定め通りに生きると、とにかくラクなんです。肩の力が抜けて、軽やかに生きられる。

たとえば、強い定めの人は、弱いフリしちゃダメなんだよね。

本当は強いのに、人の顔色をうかがってビクビクするとか、理不尽な相手に逆らえないとか、弱い自分を演じるからおかしくなる。

私は演じてなんかいません、本当は強くなりたいんです、という人もいると思う。

だけど、そんな自分で人生うまくいってないんだとしたら、あなたが自分を弱いと思っているのは勘違いかもしれないよ。


一人さんの経験で言うと、強い定めの人は、たいがい強そうな顔をしているんです。

恐い顔とかじゃなくて〝目ヂカラ〟があるというのかな。

うちのお弟子さんたちを見てもらえるとわかりやすいんだけど、みんな温和な顔で親しみもあるけど、間違いなく強そうでしょ（笑）。そんな感じ。

で、強そうな顔してる人は、本来の強い自分を掘り起こせば、イヤな相手なんかバンバンはねつけられる。

なのに、それをしないから人生苦しい。せっかく強い顔してるのに、これじゃ宝の持ち腐れだよな。すごくもったいない。


昔、こんなことを言う人がいたの。

「私はどこへ行っても、なぜかいつもいじめられます。家では夫に暴言を吐かれ、子どもにもなめられてバカにされる。いままで何十回と仕事も替えてきましたが、どの職場にも意地悪な人がいて、私ばかりいじめられるのです。どうしてでしょうか？」

この人も、見たところやっぱり強い顔だった。

でも、すっごく弱いフリしてるわけ。被害者人生でつらい、みたいな。

もうね、言ってることと見た目の違和感がすごいの（笑）。

こういう人は、見た目と内面の差を小さくすればいいんだよね。**気持ちのほうを、見た目に近づけることで、人になめられなくなります。**

何十回も職場を替わってるのに、どこへ行っても意地悪な人がいるって、どう考えてもおかしいよね。自分に問題があると気づかなきゃダメなんです。

もちろん、人をいじめるやつは最低なんだよ。そんなことは大前提です。

だけど、イヤなやつがまったく出てこない人だっているのに、あなたの人生には、なぜ毎回出てくるんですかってことなの。

いちばんの問題は、そんなやつのいるところを、自分が選んで行っている、という点なんだよね。

自覚はなくても、自分の波動がそうさせている。

だから、波動を強くしなきゃ根本的な解決にはならないわけです。顔に見合った強さを持つしかない。

でね、それとは反対に、世の中には、弱い定めの人もいます。

どういう人が弱い定めなんですかっていうと、見てたらすぐわかる。

頼りない感じなのに、なぜか周りにサポートしてもらえて困ることがない。いじめられるどころか人気者だったりして、いつも楽しそうなの。

こういう人の場合は、弱いことで人生がうまくいくようになってるから、強くなっちゃダメなんです。

弱い定めの人って、周りにやさしさを教えるとか、そういう使命を持っているんだ。

強い定めの人は、強く生きることで幸せになる。
弱い定めの人は、弱いからうまくいく。
神様がつけてくれた定めの通りに生きたら間違いないんだ。

「なめられてたまるか！」って脳に入れてごらん

なめられて困るといえば、忘れられないエピソードがあってね。
ある男性が、思いを寄せてる女性を旅行に誘ったんだって。そうしたら、相手が笑顔でＯＫしてくれたの。日帰りじゃないよ。泊まりで、しかも同じ部屋でかまわないというわけ。

となると、ふつうは期待するよな（笑）。この旅行で、自分の彼女になってくれるんだろうって思うじゃない？

ところがその女性、旅費からなにからぜんぶ男性に払わせておいて、指一本触れさせなかったらしい（笑）。

これね、完全になめられてるんだよ。

相手の女性に、「この男には、なにをしてもいい」ぐらいに思われちゃってるの。愛がないよな。

そんなにイヤだったら、最初から断ってくれたらいいじゃない。日帰りだったらOKとか、泊まるにしても別の部屋にしましょうとか。いくらでも言いようはある。

そうすれば、男性のほうも「オレに気があるわけじゃなさそうだ」「振り向いてもらうには、もうちょっと時間が必要だな」とわかります。

期待だけさせるなんて、こんな浮かばれない話はない（笑）。

だけど、これもまた100%自分の責任。

なめられるってことは、やっぱり自分を大事にしてないからだよね。自己肯定感が低いから、それが波動になってにじみ出る。

そこにつけ込まれないようにするには、強い自分になることです。

そしてそれには、言霊に力を借りるのがいちばん手っ取り早い。

一人さんのおススメは、

「圧！　圧！　圧！」

という言葉です。

これを繰り返し唱えていると、圧（気迫）が出て、相手のなめた態度をはね返せる、強い波動になれるんです。

唱える回数は、1日1000回ぐらいが理想だけど、まずは10回でも、100回でも、言えるようになるだけでマルです。無理せず、徐々に回数を増やしていけばいいですよ。

長いこと「弱い仮面」をかぶっていた人は、それが外れるまでに時間がかかるかもしれないけれど、「圧！　圧！　圧！」と言ってたら、必ず強い気持ちが出てきます。

言霊には絶対的な力があるから、あきらめないで続けてごらん。

人になめられやすい人って、脳に「なめられてたまるか！」っていう情報が入ってないの。生まれるときには持ってきたはずなのに、地球で生きるうちに、いつの間にか抜け落ちちゃったんだね。

だったら、もう一度その情報を入れ直せばいい。

それが、「圧！ 圧！ 圧！」なの。

で、波動が強くなれば、もう人になめられなくなる。非常識な女性に引っかかることもなくなりますよ（笑）。

同情すると余計にこじれるからね

親しい間柄の人、大切な人が深刻な悩みごとを抱え、どうしたらいいかわからなくなることがあると思います。

なにをしても相手の気持ちが軽くならないことに、無力感を覚えたり、絶望したり。

気持ちはわかるんだけど、そういうときに、一緒になって自分まで暗い顔をしてはダメなんだよね。

もちろん、相手のために知恵を出すとか、話を聞くとか、そういうのはいいですよ。よくないのは、同情です。

同情は、相手の気持ちに寄り添っているように見えて、実はそうじゃない。同情って、相手の闇に引っ張られているだけなんだよね。

悩んでる人は、問題が起きたことで、すでに自分の波動を落としています。その時点で、その人はソンしているわけでしょ？

あなたまで一緒になってグチや恨み言をこぼせば、一緒に闇に飲み込まれます。あなたの波動まで落ちてしまう。

その結果、お互いの波動が足を引っ張り合い、ますます闇に引きずり込まれるわけです。余計にこじれた状況をつくっちゃうんだよね。

最悪の場合、共倒れになることもあります。

リストラされた知人に同情していたら、自分までリストラされた。過去には、そんな例もあるぐらいなの。

苦しんでいる人がいるときは、その人の波動をちょっとでも上げてあげるのが、そばにいる人の役目です。

そのためには、まずそばにいる自分が明るい波動を出さなきゃいけないよね。だから、笑顔を忘れない。**苦しんでる人にずっとくっついてないで、あなたはいつも以上に楽しく遊ぶ**ことですよ。

人が苦しんでるのに、自分だけ遊ぶなんて考えられないかもしれないけど、あなたが楽しんで明るい波動になればなるほど、相手の波動も明るくなります。**遠慮して遊ばないほうが相手のためにならない**のです。

そもそも、病気でもほかの問題でも、あなたが一緒に泣いたからって、それで解決するわけじゃない。波動の法則で言えば、同情のほうが悪化のリスクを高めることになるわけだから、深刻なときほど遊んだほうがいいよね。

あとは、**折に触れ、「大丈夫」「絶対なんとかなる」「だんだんよくなる未来は明るい」といった、明るい波動のある言葉をかけてあげるといい**でしょう。

ただ、こうしたあなたの対応に、最初は相手が反発するかもしれません。

「私がこんなに苦しんでるのに、よく笑えるね」

「他人事《ひとごと》だと思って軽く言わないで」

みたいな、キツい言葉が返ってくることもあるだろう。

でも、それはしょうがないことです。いま、その人はどん底にいるわけだからね。

そんなときは、明るさを強引に押しつけないで少し距離を置けばいい。そして、**本人のいないところで明るい言葉を唱えてあげな。**

言霊ってね、誰かを思いながら唱えることでも、その人の波動に影響します。どんなに遠く離れていても、相手の魂に届くの。

相手の笑顔とか、うまくいっているところなんかをイメージしながら天国言葉を唱えてあげると、ひそかに、その人の幸せのお手伝いができるんだよ。

あなたの祈りで、相手の波動が明るくなる。

面と向かって本人に天国言葉が伝えられなくても、祈りにはそれと同じ効果がありますので、遠くから明るい波動を送ってあげたらいいですよ。


ちなみに、ひそかに誰かを手助けすることを「陰徳《いんとく》」と言うんだけどね。

陰徳って神様にすごく喜ばれるから、1個でもたくさん陰徳を積むことで、今世の自分も、来世の自分も、たくさんご褒美がもらえます。

「情けは人のためならず」という言葉があるように、人に出した愛は、めぐりめぐって自分に返ってくる。相手のためにもなるけど、自分も大いにトクするものだから、どんどん陰徳を積むといいですね。

あの人も、この人も、みんな神なんですよ

インターネットやテレビを見ていると、さまざまなニュースが目に入ります。

そして残念ながら、事件や事故、不祥事といった、読み手がつらくなる内容ほど大きく報じられ、見る人は怒りや悲しみで心が揺さぶられます。

また、外に出ると、他人の言動にモヤモヤすることもあるよね。

周りの迷惑をかえりみない無謀運転、公共の場で傍若無人《ぼうじゃくぶじん》なふるまいをする人、困った人がいても知らん顔する人……。

自分が迷惑をかけられたわけじゃなくても、人間は感性豊かだから、無関心ではいられません。

口うるさい上司。イヤ味を言う知人。家には、気の利かないパートナーまでいるとかさ（笑）。

大勢がともに暮らすこの世界では、あちこちでイヤな思いをするわけです。


でもね。

あの人も、この人も、みんなみんな神なんですよ。

そしてもちろん、あなた自身も神です。


神様なのに、人は、どうして周りに迷惑をかけるようなことをするんですか？

こんな疑問が浮かぶ人もいるでしょう。その理由は、**誰かにとって迷惑な行為ではあっても、本人は、そのことを通じて学ばなきゃいけないことがある**からです。

犯罪に手を染めれば、警察のご厄介《やっかい》になる。何年も服役することになれば、自分が不幸だよね。そのときに、法律は守らなければならないのだと痛感するの。

無謀運転をしていたら、いずれ事故を起こして困ったことになります。そして身をもって、「無謀運転はいけないことだ」と学ぶだろう。

傍若無人なふるまいは人に嫌われるから、それでやっと、「こういうのはダメなんだな」と気づける。

困った人がいても手を差し伸べない人だって、自分が誰かの手を借りれば、人のやさしさが身にしみるんだよね。

そして周りも、人の困った言動を見聞きすることで気づくこと、学ぶことがある。


ここは、いろんな人がともに生きる世界です。みんながみんな、同じ魂レベルではないんだよね。

生まれ変わりをたくさん経験している魂は、過去世の学びで魂レベルが高いから、やっていいこと、悪いことの区別がよくわかっています。

ニュースや人の言動にモヤモヤすることの多い人は、きっと、すでに魂レベルの高い人なのだと思います。何百回、何千回と、この世での経験があるんだろうね。

自分はいろんなことをわかっているからこそ、「なぜ、あの人はこんなことするの？」とイラだちを覚える。それが、モヤモヤの正体なの。

でもね、世の中には経験の浅い魂もいます。

まだ数えるぐらいしかこの世に生まれたことがない魂は、学びが浅いゆえに、いろんなことをやらかしちゃうの。

それで人に迷惑をかけるわけだけど、そうやって、いま学びを深めているところなんだよ。


あなただってさ、いまは品行方正かもしれないけど、過去世ではとんでもないことをしちゃったかもしれません。もちろん、一人さんにもそんな過去はあるだろう。

そう思うと、人のこと、そんなに責められないよね。


法律に触れることをすれば、警察が捕まえてくれますから、罰を与えることは専門家におまかせすればいいんです。

あなたにできるのは、愛をもって、「この人は、いま学んでいるところなのだ」と見守り、その人が早く学べるように応援することだよ。

そして、自分自身は善悪の区別がつくわけだから、「自分だけは、こういうことをしないぞ」って思うこと。人の言動に心を乱されるのではなく、あなたは、あなたの好きなことをして人生を楽しんでください。

で、それがなかなかできないのだとしたら、今世は、それがあなたにとっての修行かもしれないね。

嫉妬心を正しく使わないからやられちゃう

人が集まれば、どうしたって競争がはじまります。

そのこと自体は、悪くないんです。

競争があるおかげで、よりよいサービスや製品ができる。スポーツや芸術にしても、競争があるから進化し続けます。

豊かな社会には、やっぱり競争が必要なのです。

ただ、競争のあるところには、嫉妬《しっと》も生まれやすい。

そして、嫉妬は強いエネルギーを持つから、人の心をたやすく支配します。

多くの人は、大なり小なり、嫉妬に振り回された経験があると思います。いま、まさにそんな状況にある人はすごくつらいよね。

でも、**嫉妬って使いよう**なの。

さっき言ったように、嫉妬にはとんでもないエネルギーがある。

そのまま受け止めてしまえばめちゃくちゃに苦しいけど、上手に扱えば、自分を押し上げる絶大なパワーに変えられるんだよ。

嫉妬にやられて苦しいのは、その強いエネルギーの使い方を間違っているせいなの。


まず知ってもらいたいのは、嫉妬のカラクリです。

そもそも、誰かに嫉妬するのは、自分もその人と同じことができるってことなんだよね。あなたにもできることだからこそ、嫉妬する。

人は、自分にできないことには嫉妬しないようになっているのです。

考えてみてほしい。

ごくふつうの会社員が、世界チャンピオンのボクサーを見て嫉妬するだろうか？

オリンピックの金メダリストの活躍に、あなたは歯ぎしりするかい？

そんな人、見たことないよな。ふつうの人は、世界チャンピオンのボクサーとか、金メダリストになりたいとは思わないし、そのための努力もしていません。

だから完全に他人事だし、日本人アスリートが活躍していれば、「よかったね！」「すごいね！」って喜べる。嫉妬どころか、同じ日本人として誇らしく思うじゃない。

では、会社員が嫉妬するのはどういう相手かというと、学生時代の同級生とか、会社の同僚とか、そんなところだと思います。

自分よりいい会社に就職した、同僚のほうが先に出世した、みたいな嫉妬です。

なぜ同級生や同僚には激しく嫉妬するのかというと、自分にも、相手と同じような現実を受け取る資格があると思ってるからなんだよ。

オレだってがんばってる。

私だって実力があるのに……。

そんな思いが、あなたに嫉妬させるわけです。

自分にもそのチャンスを受け取る資格があるのに、まだ手にしていない。それでモヤモヤするのが嫉妬の正体です。

嫉妬したというのは、

「あなたも、その幸運を受け取る準備ができてますよ」

「嫉妬のエネルギーを推進力に変えて、あなたも挑戦してみな」

というような、天のお知らせがあったということです。

と思うと、嫉妬ってそんなに悪いものじゃないなって気がしてこないかい？


人類は、電気という便利なものを生み出すことに成功しました。

電気があるおかげで、私たちは夜になっても明るい部屋で過ごせるし、夏は涼しく、冬は暖かく、快適に暮らせます。

テレビやスマホで、楽しい映像だって観ることができるよな。

だけど、電気はひとたび使い方を誤ると、取り返しのつかないことになる。

電気がショートして火花が飛べば、火事ですべてを失うかもしれません。誤って電気に体が触れると、一瞬で命を取られることもあります。

私たちの生活に欠かせない便利なものである反面、恐ろしい凶器にもなりうる。絶対に、正しく扱わなきゃいけないよね。


嫉妬で苦しいのは、電気に感電してビリビリしているようなものです。間違った使い方をしてるから、心が痛むんだよね。

そうではなく、**嫉妬が顔を出したら「よし、チャンスだ！」って思えばいい**。

嫉妬のエネルギーを正しく使えば、その爆発的なエネルギーで、あなたの夢を強力に引き寄せてくれるからね。

そして、この「**嫉妬の扱い方がずば抜けててうまい**」のが、**自己肯定感の高い幸せな成功者**、ということになるのでしょう。

酸いも苦いも愛を学ぶ貴重な経験だ

この世界にはたくさんの人間がいて、さまざまな出会いや別れがあります。

そのなかで私たちがなにを学んでいるのかというと、愛なんだよね。

人はそれぞれ考え方が違うし、同じことでも違った受け止め方をします。興味や感心がまったく同じ人なんていません。

そんな、違った感覚の人間が同じ世界に集まり、ともに生きようと思ったら、お互いに尊重する気持ちが必要です。

愛を出さなきゃ、うまくいかないんだよ。

それは、ときに難しい。でもね、愛を出すのが難しい相手とかかわることでも、自分の知らない愛に触れることができます。

神様は、人間に愛を学ばせたくて、私たちをこれほど個性豊かにした、と一人さんは思っているの。


気の合う相手、好きな人、高め合える仲間から愛を学ぶ。

そして、イヤなやつからも愛を学ぶ。

とんでもないいやつに出会ったおかげで、気づけることってあるんだよね。その人を通じてわかる愛がある。


人は、どんな相手とも愛のやり取りをしているんです。


たとえば、付き合った相手がロクでもなくて……ってこと、あるじゃない？

それで別れようと思ったら、泣いてすがってきたり、暴力的になったりして、またこちらを困らせる。

だけど、そこでズルズル付き合っちゃダメなの。

こういう場合、ハッキリ別れを告げることが大事だし、それでダメなら、逃げてでも別れなきゃいけない。それが愛なんです。

なのに、**一緒にいることが愛だと勘違いする人がいるの**。自分が我慢すれば済むことだからって、相手の言いなりになっちゃうんだよな。

それ、やさしいように見えるかもしれないけど、一人さんに言わせると、自分も相手も大事にしていない。

結局、誰のことも愛してないってことになるんです。

ロクでもない生き方をゆるせば、相手はいつまでも自分の過《あやま》ちに気づけません。泣き落としや暴力で、人は自分の言いなりになると勘違いしちゃうんだよ。

そうすると、相手はますます図に乗る。問題行動だってエスカレートするし、それこそ、血を見るようなことにもなりかねない。

その点、早い段階でハッキリ別れを告げたら、相手はそこで立ち止まれます。うまくいかなかった原因を見つけようとするし、自分の間違いにも気づけるの。

あなたが自分を大事にして、なにがなんでも別れる道を選べば、それが相手の成長にもつながります。

これなら、自分にも、相手にも、愛が出せたってことになるじゃない。

こうした経験をすることで、あなたは、ロクでもない相手から愛を学びます。

そのことがあったから、

「自分も人も大切にするって、こういうことなんだ」

とわかるわけだからね。

いい人からは学ぶことができない愛もある。

だから、どんな出会いも、愛を知る貴重な経験なんだ。

目の前にいる人は、いまの自分が学ぶべき愛を持っているから出会った。でもね、学ぶべきことを学んでしまえば、同じ試練は二度と起きません。

あなたはもう、似たような問題を抱えた相手と付き合うことはないし、あなたと別れた相手も、学んだ後には次のステージに進みます。

1つ成長したら、成長した自分にふさわしい、やさしい人に出会えるんだよね。

そしてそこで、また新たな愛を学ぶ。それが人間です。

甘いだけじゃなく、酸《す》いも苦いも経験することで、人の愛は深まり、愛を知ることで自己肯定感も強固になる。

どんな出会いにも、感謝なのです。

自己肯定感Q&A

Q 自己肯定感が高いのになぜモテないの？

自己肯定感が高いとモテますか？

自己肯定感は高いのに全然モテない人がいるとしたら、なにかほかに理由があるのでしょうか？


自己肯定感が高ければ、魅力はあるはずなんです。

にもかかわらずモテないんだとしたら、ごめんなさいだけど、よっぽど魅力がないんだね（笑）。

自己肯定感に勝るほどの、大きな残念ポイントがあるってことなんです。

結局、まだまだ自己肯定感が足りていない。そういうことだと思います。

魅力って、足し算なんです。

たとえば、あなたにはいま50点の魅力ポイントがあるとするじゃない。ところが、どこかにマイナス100点の残念ポイントがあったら、魅力はマイナス50点になっちゃうわけだ。

マイナスだから、当然モテない（笑）。

モテない人は、周りに「そういうとこ、魅力ないんだよなぁ〜」ってガッカリさせる部分が必ずあるんです。そこを改善すればいいいんだよ。

どこが問題なのかは、周りの人に聞いてみたらすぐわかるんじゃないかな。

そうやって自分を磨けば、自己肯定感はもっと高くなる。

魅力ポイントもプラスになってモテだすよ。

ねずみだって魅力を磨けば、大人気のミッキーマウスになれるぐらいだからね（笑）。

第4章

商売でも大事にすべきは、まず自分の心だよ

自分の器量をうまく活かしているかい？

人には「器量」があります。

よく、「あの人は器ができてるなぁ」「この人は、器が大きい（小さい）」とかって言うじゃない。そういう、懐の深さ、人間的な魅力みたいなものを指すんだけど。

器量の大小は、人生のすべてに影響します。

成功とか豊かさ、運、人気、幸福感……ぜんぶ、その人の器量で決まる。

おちょこしか持っていない人と、大型タンクを持ってる人とでは、受け取れる水の多さに雲泥の差があるように、人生も、自分の器量によって受け取れる現実が全然違ってくるわけです。

それで言うと、**器量というのは自己肯定感そのもの**であるとも言えるよね。

たとえば、あなたはお金持ちの家に生まれたとか、親きょうだいが著名人だとか、そんな環境にあるとするじゃない？

つまり、コネを持ってるんだから、それを堂々と使えばいいのです。

コネを〝高慢〟の材料にしていいという意味ではありませんよ。それは、自分の器量を小さくするのと同じだからね。

ただ、**へんてこりんなプライドで「親（家族）の七光はイヤだ」なんて、隠して使わないのはもったいないし、七光すらうまく使えないようじゃ、ほかにどんなチャンスを与えられても活かせない**ものだよ。

あとね、私は1個もコネがない、という人は、なにもないところで自分を奮起させ、魅力をつけていくことが、自分の器量を大きくする道なんです。


人は、それぞれに生き方が違います。

この世に生まれる前に、自分で「今世は、こういう環境で魂を成長させる」と決めてきた人生があって、それに逆らわない生き方をしながら、決めてきた以上の人生にできるように自分を成長させる。

自分が持っているカードを活かす生き方をしてこそ、神に近づけるんだよね。

決めてきた人生がどんな道であるかを、人間の自分があらかじめ知ることはできませんが、出てくる現実を見たら一発でわかります。

人生がうまくいって幸せなら「それでＯＫ」の証《あか》しだし、躓《つま》ずいて苦しい場合は「ちょっと道をそれたな」と思えばいい。

そして人の器量は、ＯＫサインのときにじわーっと育ちます。魂レベルが上がれば、いまより多くの幸せが待っていて、それを受け取れるだけの大きな器が必要だからね。

そうして**人の器量は、幸せに比例してどこまでも大きくなる。それこそ、無限大に広がっていくんだ。**

ちなみに、低い身分から昇りつめて天下を取った、戦国武将の豊臣秀吉《とよとみひでよし》。それから、貧しい家に生まれて学もないところから、一代で巨大企業を興したパナソニック創業者の松下幸之助《まつしたこうのすけ》さん。

こういった人たちは、なにもないどころかマイナスからスタートして、自分で器量を大きくする道を選んで生まれたタイプです。

歴史上の人物なんかを見るとよくわかるのですが、実は、こういう人のほうが爆発的な成功を遂げていることが多いの。

かと思うと、**とんでもなく恵まれた環境に生まれながら、一代で資産を食いつぶしたり、会社を倒産させたりするケースもある。いいカードを持って生まれても、器量を大きくできずにいると、そんなことにもなっちゃうんだ。**


なにも持たずに生まれた人は、自分で器量を大きくできる人です。それだけの能力があり、魂レベルも高いってことなんだよね。

そう考えると、実は、なにも持ってないほうがトクかもしれないな。

そんな気がしてくるんじゃないかい？

物事って、考えようなの。

いままでは、なにも持っていない自分を恨んできた人でも、ちょっと視点をずらせば、「なんだ、オレって有利じゃないか」と思える。

途端に、自己肯定感が上がるんです。

自分がどう思うかで、未来はいくらでも変えられます。

そこから、あなたの「逆転人生」がはじまるよ。

相手のアラを見る人は絶対に勝てません

戦争というのは、敵軍の弱み、守りの薄いところを見つけるのが肝《きも》です。そこに攻め入れば勝てる、という戦術を立てることが大事なんだよね。

対して**ビジネスは「共存共栄」**なの。

まず、相手のいいところを片っ端から探して、そこを真似しなきゃ成功しません。

経営者でも、会社員でも、ライバルを見たときに、「これができてない」「あのやり方は間違ってる」とか、相手のアラばかり探す人がいるじゃない。

そういうのを見かけると、一人さんは思うんです。

「この人は勝てないだろうなぁ」って。

　ましてや、ライバルの悪いところを突いて蹴落とすとか、追い込むとか、そんな卑《ひ》怯《きょう》なことやってたら絶対ダメだよね。

　相手の未熟な部分が指摘できるのは、自分にもそれができるとか、すでにできているということなんです。自分もできないことは、気づくはずもないいんだよ。

　だけど、**自分にできることばかり見たって意味がない。それだと、新しい気づきがなにもない**いじゃない。

　もっと言うと、**自分ができる部分ばかり見るのは〝焦り〟の表れ**だろうね。

　ライバルにおくれを取ってる人が、負けを認められず、「うちのほうが上だ」「こっちのほうが勝ってる」と言うことで、負けて嫉妬してる自分をごまかそうとしてるの。

　言っちゃ悪いけど、本当にあなたのほうが上なら、ライバルに負けてるのはおかしいよねって話でしょ（笑）？

　ライバルが結果を出しているのは、自分よりすぐれた部分があるからです。自分にはない、いいところがあるんだよね。

ライバルに未熟なところがたくさんある場合は、それこそとんでもない長所があるということになる。未熟だらけでありながら、なおあなたを悔しがらせる結果を出してるわけだから、未熟さを補って余りあるほどの長所ってことでしょ？

だったら、それを見つけなきゃ。

アラを探してる場合じゃない。

それにこの先、相手が未熟な部分まで改善してきたらどうなるか。

もはや、あなたに勝ち目はなくなるよ。あなたがアラを探しているあいだに、間違いなく、大きく水をあけられるだろう。

本気で成功したかったら、ライバルの悪いところなんてどうでもいい。自分が負けているところを徹底的に研究しな。

そうするとね、いろんなことが見えてきます。

あの会社はここが素晴らしい。これができるのは、ここの社長だけだ。そうやって自分よりすぐれた部分を見ているうちに、相手への敬意が強くなるんです。

このとき、相手は単なるライバルではないと気づけるの。

この社会を進化、発展させるための〝同志〟であり、ともに勝ち続けることで、それが叶えられるんだって。

つまり、共存共栄の視点が出てくるわけです。

そして、この視点を持った人は、もう止まらない。ライバルすら味方につけて、着実に成功の階段を上がっていくんだ。

ビジネスにおいて、相手のアラを探すのは「負け犬の遠吠え」と同じです。

アラを探している時点で、相手に勝とうとしているようで、実は白旗を掲げて降参しちゃってるんだよね。

だから、あなたは絶対にそれをしないことだよ。

あと、あなたの近くにこういう人がいるんだとしたら、うっとうしくても相手にしてはいけません。挑発に乗らないこと。

降参した人は放っておけば勝手に消えていくからね。

どれだけこだわれるか。それが成功の秘訣です

成功の秘訣は、「どれだけこだわれるか」なんです。自分の仕事に執着《しゅうちゃく》することが、いちばんのカギなの。

ラーメン屋さんだったら、スープの取り方から、麺の種類、トッピングにいたるまで、徹底的に研究するんだよ。

でもね、味のいいラーメンをつくるのは当たり前なの。

そのほかに、いつも店をきれいにしておくとか、笑顔で接客するとか、明るい「いらっしゃいませ！」「ありがとうございます！」を忘れないとか、そんなところにも執着しなきゃいけません。

たったひと言の「ハイ」という返事だって、お客さんにとって、声のトーンはどれぐらいが心地いいかって考える。**味のプロってだけじゃなく、掃除のプロ、笑顔のプ**

ロ、挨拶や返事のプロまで目指すんだよ。わかるかい？

そこまでやって、お客さんが来てくれないなんてありえないんです。

味も、店の清潔感も、笑顔も、挨拶も、返事も、ぜんぶ研究して最高の状態なのに、なぜかお客さんが来ないというお店があるんだとしたら、自分では執着してるつもりでも、どこかズレてるんだろうね。実際は、全然できてないってことだと思います。

商売は、お客さんが来てくれたら成功。そうでなければ、なにかが間違っている。すごくわかりやすい世界なんです。

お客さんの反応が悪い場合は、やり方が間違っているということ。まだまだ、執着が足りないってことですよ。

お金を出してくれるお客さんは、勝手に湧いて出ることはありません。

会社員の場合だったら、仕事になんの執着もない人に、会社はたくさん給料を出そうとは思わないんだよね。

お客さんだろうが、勤め先の会社だろうが、「この人、素敵だな」「サービスが行き届いてて気持ちがいいな」って思わなきゃお金を出してくれません。

だから、**どうすれば「この人には、いくらでもお金を払いたい」と思ってもらえるかを考えるの。徹底的に、そこにこだわる。**

お客さんとか上役に、払った金額以上にトクをさせる。そこに執着するんです。

そうすると、仕事ってガゼン面白くなるの。

趣味って、面白いよね。しかも、自分がお金払ってまでやりたいのが趣味です。

そしてこの面白さは、「一生懸命やる」ことで拍車がかかる。

草野球だろうが、旅行だろうが、それを趣味にしてる人は、ときが経つのも忘れて練習に没頭したり、情報収集したりするでしょ?

そこにかかるお金も、費用対効果を考えながら上手にやりくりする。

だから面白いんだよ。こだわって結果が出るから、次はこうしようとか、新しいアイデアなんかも出てきてますますハマるの。

仕事も同じだよ。執着すればするほど面白くなる。一生懸命やるのって、面白さの引き金なんです。

で、**執着しても面白みがさっぱりわからないんだとしたら、その仕事はあなたに向いてないの**かもしれないね。

だったら、もっと自分にふさわしい仕事を探すとかさ。執着のしどころを変えてみたらいいんじゃないかな。

私は、仕事が面白くないとグチばかりこぼしている人が、仕事にこだわりを持ってるケースを見たことがありません。

こだわってもいないのに、仕事が楽しくないのは当たり前なんだよね。

一生懸命やっていないから結果も出ないし、発見もない。それで面白さなんてわかるはずがないよ。

仕事が楽しいって、ラクできることを指すわけではありません。最初はなんでも、とことん執着して、こだわって、追求して、それで行動しなきゃダメなの。

だけど、いよいよ仕事が面白くなってきた。そんな段階に入ってくると、手伝ってくれる人が出てきたりして、自然とラクになってくる。

究極的には、一人さんみたく年に2〜3回しか会社に行かないのに（笑）、**なぜか納税額日本一になる、なんてこともあり得る**のです。

まず自分からトクさせる。それが突破口だ

よく、「いい会社に入って安泰だね」なんて言う人がいます。たしかに、しっかりした会社なら倒産のリスクも低いと思うし、給料や福利厚生なんかもいいのだろう。

でも一人さんは、**いい会社に入ることよりも、入った会社にちょっとでもトクさせようとする「いい従業員」になることを目指すべき**だと思います。

そのほうが話も早いし、結果的に自分もトクをするんだよね。

いい会社で、高給をもらって安泰だと胡坐《あぐら》をかいてると、予想外の展開でリストラ

されるとか、まさかの倒産、なんてことがあるかもしれない。

そうなったときに別の仕事を探しても、それまで魅力を磨いてこなかった人には、やっぱりそれなりの会社にしかご縁がもらえないものです。

その点、どんな会社でも感謝して、精いっぱい、楽しく働いていたら、必ず上役に認めてもらえる。

おのずと厚遇されるものだし、万が一、その会社で働けなくなったとしても、魅力的な従業員はどの会社からも引く手あまたです。困ることがない。

ね、よっぽど安泰でしょ？


それで、どういうのがいい従業員なんですか、っていうとね。

たとえば、入社した会社の給料が400万円だとするじゃない。ふつうの人は、会社にソンをさせないように400万円分は働こうと思うわけ。

だけど、会社が負担しているのは人件費だけじゃない。オフィスの維持費や水道光熱費、備品、設備費、社会保険料……みたいな、さまざまな経費がかかっています。

あなたが受け取るのは４００万円でも、会社はもっと多くのお金を出している。４００万円ぶんの成果しか挙げない従業員は、会社としては大ゾンなんだよ。

じゃあ、いくら利益を出せば会社がソンをしないのか。

これは会社によって違うから一概には言えないけど、最低でも、自分の報酬に１００万円単位で上乗せしなきゃトントンにはならないだろう。

もっといい従業員になりたければ、それこそ１０００万円単位、億単位で儲けを出す必要がある。

それでやっと、会社から「ずっとうちの会社にいてほしい」と言ってもらえる従業員になれるわけです。

事務職なんかだと、直接的に売り上げは立てられないけど、そういう場合は、誰よりも明るい笑顔で職場のムードを明るくするとか、頼まれた仕事をイヤな顔しないで引き受けるとか、自分にできることっていくらでもある。

そのおかげで営業マンが気持ちよく働けたら、あなただって、間接的に売り上げアップに協力したことになるじゃない。

営業マンに、「あなたのおかげで安心して営業に出られる」なんて言ってもらえたら大成功だし、こういう人が会社から大事にされないはずがないよ。


出世は、どれだけ相手にトクをさせるか。そこが勝負です。

相手にいちばんトクさせた人が、誰よりもトクするようになっている。

人にトクさせると、まるで自分がソンするように思う人がいるけど、それは違います。目先の労力に惑わされて勘違いしてるだけなの。

トクしたかったら、まず自分から相手にトクをさせる。これが鉄則です。

相手がトクさせてくれたら、お返しにこちらもトクさせるという考えは、ふつうの感覚なんだよ。あなたがそう思ってるのと同じように、相手のほうも、トクさせてくれる人しか厚遇しません。

人がトクさせてくれるのを待ってたら、いつまで経ってもあなたはトクできないよ。

反省も後悔もいらない。改良、改良、改良

人はみんな、そのときの自分が出せる〝最高の知恵〟で行動します。

過去を振り返り、「あのときこうすればよかった」と言うことがあるのですが、それは、いまの自分だからわかることなんだよね。

当時は、そのときの自分が持つ最高の知恵で行動したの。どんな選択も、そのときのベストだった。

ベストを尽くしても、できないことってあるんだよ。人間は未熟なものだからね。

だから、**過去の自分がどんな失敗をしたとしても責めないことだよ。それは単なる自分否定であり、自己肯定感を下げるだけ**だからね。

第一、いまになって過去を悔やんでも、時間を巻き戻せるわけじゃない。ミスをなかったことにはできません。いいことなんて1つもないよね。

仕事でもなんでも、反省や後悔はいりません。

大事なのはただ1つ「改良」です。

過去の自分の行動でうまくいかなかったのがわかったのなら、それを踏まえて、いまの自分が改良すればいいんだよ。

改良して、改良して、うまくいくまでやり直すの。

改良千回、成功に至る
いまが最高、いまが最低

これは、かつて一人さんがお弟子さんたちに詠《よ》んだ詩なんだけど。

人は誰もが、失敗しながら成長します。

この世に失敗しない人はいないし、失敗を悔いるだけで改善しない人は、どんな天才でも絶対に成功しません。

行動して、うまくいかなかったら修正すればいい。それでまたやってみて、間違ったところがあればさらに改良を加える。

人生も、仕事も、これの繰り返しなんです。

1つのことを、100回でも1000回でも改良するぐらいの覚悟を持つの。成功は、その覚悟の上に成り立つのです。

改良し続ける人は、いまより上へ行くだけです。

未来が、いま以下になることはありません。

ものごとは、1つ改良すれば、必ず1段上がります。2つ改良したんだったら、2段上がる。

そうやって改良しながら理想の場所にたどりつくようになっているのだから、いくら間違えたっていい。改良すればいいだけです。

何度も失敗するのは、あなたはそれだけたくさん挑戦したということ。それだけでも十分すごいことです。

行動しない人は、間違うことすらないわけだからね。

失敗は、「これじゃダメなんだ」という気づきとセットです。気づきが得られたという立派な成功なんだよね。

つまり失敗は、また一歩、成功に近づいたという証しです。

その小さな成功を積み上げるから、大きな成功に行き着く。1回や2回の失敗で落ち込んでたら、人生もったいないよね。

そう思って、今日も明日も、明後日も、改良、改良、改良だ。

奇跡を起こすには神の知恵がいるんです

どうやったら、そこまで成功できる知恵が出るんですか？

一人さんはよく、そんなことを聞かれるの。

ズバリ言いますね。

どの知恵も、自分で出したものじゃない。

だから私は成功したのです。

どういうことかというと、知恵というのは、自分の頭で考えたときには、自分が出せる程度のものしか出てこないの。いくら名案に思えても、自力で絞り出した知恵では、そこそこの結果が出るだけです。

「奇跡」は神的な知恵でなきゃ起きないんだよ。

人間の能力なんて、たかが知れてます。神様の足元にも及びません。

もし、一人さんが自分の頭で知恵をひねくり出しただけだったら、それなりの会社止まりで、納税額日本一とはいかなかっただろう。

私は、神の知恵をもらって成功しました。

個人経営で、しかもたった5人の従業員で納税額日本一になるなんて、そうとしか言いようがないんです。

現に、**一人さんは商品開発や経営のことで悩んだことがない**のです。

会社で困ったことが出てきても、なぜかポンといい考えが浮かぶ。新商品を開発したいなぁと思えば、また勝手にひらめく。

私は、その知恵の通りに体を動かしただけです。

納税額日本一になりたいと思ったこともないし、そうなるための努力もしていません。

いつだって自分の思う通り、好きなことをして生きているだけです。

だから正直言うと、かつて**長者番付に自分の名前が載りはじめたときには、「こんな簡単でいいの!?」って自分でも驚いたぐらい**なの（笑）。

それでね、神の知恵はどこから来るのか、という話をするんだけど。

この宇宙には、「アカシックレコード（神の知恵袋）」という、記憶の倉庫みたいなものがあって、宇宙が誕生して以来のぜんぶがそこに記録されています。

いま、この世に生きる私たちの体験や学びをはじめ、過去に存在した全人類の知見、コンピューターのなかにある情報、宇宙や地球で起きた現象……そのすべてが、1つ残らずアカシックレコードに入っています。

もちろん、アインシュタインとか、エジソンといった、過去の偉人も例外ではありません。


そしてそのアカシックレコードは、いまここで生きる1人ひとりの人間とつながっていて、必要に応じて情報を送ってくれるんだよね。

固定電話の親機がアカシックレコードだとすると、私たち人間は、そこにつながる子機だと思えばわかりやすいかもしれません。

だけど、誰でも無条件にアカシックレコードの知恵をもらえるわけじゃない。

ある条件が整った人だけに、それは降りてきます。

この条件というのが、人生をワクワク楽しんでいる人――つまり、自己肯定感の高さなのです。


神の知恵袋と言われることからわかるように、アカシックレコードの情報は、神様が管理しています。

ようは、**神の波動に近い人ほどアカシックレコードにアクセスしやすい**わけです。

その反対に、神の波動とかけ離れている人は、アカシックレコードと周波数が合わないから、知恵も降りてこない、ということになります。

それで一人さんの話をすれば、私は勉強嫌いだし、ここに特筆するほどの能力もないんだけど、ただ1つ、自己肯定感の高さにかけては超一流なの。

自慢じゃないのですが、私はとにかく、神様との相性がいいのです。

だからこそ、納税額日本一になるほどの知恵をたくさんもらえた。

そう思っています。

微差は大差。1位と2位じゃ大違いだ

日本でいちばん高い山といえば、富士山です。みんな、知ってるよね。

富士山は日本の象徴であり、そこには、なにか不思議なエネルギーがあるような気

がします。目に見えないものを信じないタイプの人でも、富士山には手を合わせたりするんだよね。

うれしいときは、富士山を見ることでいっそう幸せを感じるし、苦しいときには、富士山に慰められたり、勇気をもらったり。

日本人の心にはいつも富士山があり、ともに生きている感覚があるんじゃないかな。

ところであなたは、2番目、3番目に高い山を知っているだろうか？

登山家だったらスラスラ言えるかもしれませんが、そうでない大半の人は、恐らく簡単には出てこないと思います。聞いたこと、調べたことはあっても、すっかり忘れているとかさ。

せっかくなので、ここで確認してみよう。

まず、2位は山梨県の北岳《きただけ》。

3位は、長野県と岐阜県にまたがる奥穂高岳《おくほたかだけ》です。

そんな名前の山があることすら、いまはじめて知った方も多いと思うのですが、そ

れほどまでに2位や3位の影は薄い（笑）。

悲しいけれど、これが現実です。

1位と、2位以下とでは、知名度に雲泥の差がある。

富士山の知名度って、少なくとも2位以下の100倍とか、1000倍ぐらいはあると思います。魅力度なんかも加味すると、その差は途方もない。

じゃあ、1位の富士山は、2位の北岳より100倍も、1000倍も高いかというと、もちろん、そんなわけありません。583mの違いなんです。

583mというとだいぶ違うように感じるけど、標高差は1・2倍にも届きません。

知名度は富士山のほうが100倍も1000倍もあるのに。

1・2倍だなんて、もはや誤差のレベルだと思わないかい？

でも、この**微差が気が遠くなるほどの大差を生み出している**わけです。

オリンピックなんかでも、0コンマ何秒とか、1点の差で、1位と2位が決まることも珍しくありません。実力としては間違いなく互角で、明日もう一度戦えば、逆転の結果になるかもしれないよね。

そんな紙一重の差で金メダリストと銀メダリストに分かれるわけだけど、大注目を浴びるのは、やっぱり金メダリストのほうです。銀メダリストだって素晴らしいのに、どうしても金メダリストのほうが、知名度ははるかに高くなる。

このように、どんな世界でも、微差は大差を生みます。

わずかな差に命を懸け、自己研鑽《じこけんさん》に励むアスリートですら、微差に泣くことがある。

それを思うと、**小さなことを甘く見て気にも留めない人が勝てるわけない。なにをしても、自分の目指すところにはたどり着けない**と思います。

些細なことだからこそ、こだわって大事にする。

そういう人が圧倒的な魅力をつけるし、圧倒的な人気を得たり、圧倒的な売り上げを叩き出したりする。

成功は微差を追求した先にあります。

これを肝に銘じて、小さなことでもバカにせず、楽しみながらコツコツ積み重ねてごらん。

微差を大事にする人は、必ず、周りに大差をつけるときが来るのです。

心が抜け落ちた方法論は通用しません

自分で言うのもなんだけど、一人さんは、うちの従業員からすごく愛されているんです。私はめったに会社へ行かないけれど（笑）、会えばすごく喜んでくれるの。

お弟子さんたちにしても、それぞれ自由に好きなことをすればいいのに、気づけばいつも私にくっついている。一人さんがドライブに行くと言えば、ゾロゾロついてきて、なんだかんだで車内は騒々しくなるんだよな（笑）。

私は、1人でいるのがイヤなわけじゃないんです。むしろ、たまには1人で静かに過ごそうかなと思うこともあるのに、みんなのほうがそれをさせてくれないの（笑）。

もちろん、みんなの気持ちは本当にありがたいし、こんな幸せなことはありません。自慢したいわけじゃないんです。

ふつうの社長って、社員とか、周りの人を緊張させます。

どんなに温厚で人当たりのいい社長でも、その人がいなくなると、みんなちょっとホッとする。やっぱり、社長がいると体に力が入るんだね。

だけど一人さんの場合、その真逆なの。

私と一緒にいるほうが楽しいからって、周りのほうから寄ってきてくれるんです。

その理由は、**私は仲間の自己肯定感を絶対に傷つけない**からだろうね。

傷つけないどころか、「一人さんといると、もっと自分を好きになれる」と言ってもらえるぐらい、周りの自己肯定感を上げてるの。

私は誰に対しても自由をゆるすし、口うるさく言わない。ちょっとでも成長した人がいれば、みんなで盛大にお祝いするからね。

たとえば、仲間の1人に、耳の痛いことを伝えなきゃいけないことがあるとする。その場合はどうするかというと、「いい話があるから、ちょっとおいで」と言って、誰もいないところでこっそり話します。

そしてそのとき、間違っても叱責《しっせき》はしません。**私はいままで、一度も仲間を叱ったことがない**の。本当なんです。

誰かがミスをしたときって、自分にも学びなの。「ここが間違えやすいんだな」「こういうときはよく確認しよう」とかって。

そう思うと、人のミスにはありがたい面があるんだよね。

ミスをした本人も、やさしく教えてもらえば、「同じミスは二度としないぞ」って、すごく前向きに改善してくれます。

それを、**教えるほうが感情的に怒鳴るとか、ため息交《ま》じりに指摘すると、相手は「そんな言い方しなくてもいいのに」って反発するだけなの。ミスの内容よりも、注意されたときの不快感に気を取られて改善につながらない**。そのうち、また同じようなミスをしちゃうんです。

だから、一人さんは絶対に叱責しません。

誰かのミスで会社に損失が出たとしても、長い目で見たら、その学びのおかげで仕事の効率が上がったり、大きな利益につながったりする。

腹を立てることなんてないんだ。


従業員は、社長の所有物ではありません。

社長も従業員も、同じ神の子です。相手にも、自分と同じように「内神様」がいる。

社長だからって偉そうにしていいわけがないし、社長が従業員の自己肯定感を傷つけるようなことがあってはならないんだよ。


それに、世の中には道理というものがあります。

人の心にも、道理がある。

従業員を見下すような社長は、道理によって、従業員から嫌われます。そして従業員に嫌われた社長は、誰からも「社長を助けたい」「会社を盛り立てたい」と思ってもらえません。

無気力なムードが取引先にも伝われば、外からの信用も得られなくなり、お客さんにだってそっぽ向かれちゃうよね。

その点、いつも社員の自己肯定感を満たしてあげられる社長だったら、

「この人のために、残業の1つでもしよう」

「社長に喜んでもらえるように、いい知恵を出そう」

って、みんなが思ってくれるの。

そんな前向きな従業員には、願った通り、どんどん神の知恵が降りてくる。

こういう会社の未来には、繁栄しかないんだ。

一人さんのやり方って、まず「心」ありきなんです。

自分が楽しい。従業員も楽しい。

これが抜け落ちた会社では、どんな優れた方法論を持ってこようが通用しない。勝ち続けることはできません。

すべてのはじまりは、自分の思いです。

人生だけでなく、ビジネスにおいてもそれを忘れてはいけないよ。

自己肯定感Q&A

Q 成功者は常に自己肯定感が高いものですか？

世界的に大成功している人は、常に自己肯定感が高いように見えますが、実際のところどうなのでしょうか？

自己肯定感が低くても、めちゃくちゃに努力して成功をつかむ人はいます。それが幸せなものではないにしてもね。

ただ、やっぱり成功者には自己肯定感が高い人のほうが多いように思います。

なぜかというと、**自己肯定感の低い人は自信がないので、「どうせ自分には無理だから」と、そもそも挑戦すらしないケースがほとんど**だからです。

自己肯定感の高い人って、強い自信を持ってるし、失敗しても、それを失敗と捉えないんだよね。つまり、挫折がない。メゲないし、粘り強いわけです。

うまくいかないことは、やり方を変えて挑戦する。それでも成果が出なければ、また改良して挑む。

「改良千回」すれば、誰でも成功する。

自己肯定感の高い人はこのことを知っていて、それを疑いもせず楽しく繰り返すから成功するわけです。

しかも、楽しんでいるわけだから幸せな成功者になる。

逆上がりでもさ、やる前から「できない」と決めつける人と、「100回もやればできる」って言う人がいるの。

できないと決めつけてる人は、はなから行動もしないとか、1、2回ちょろっとやるだけ。それですぐあきらめちゃうんだよね。

それに対して、最初から100回と思っていると、案外、30回とか50回で成功することもある。

回数が違うんだよ。成功の決め手は〝挑戦の数〟です。

ただし、その挑戦は好きなことじゃなきゃいけない。

といっても、好きなことは挑戦してる感覚すらないだろうね。だって、それが好きで自分のやりたいことなんだから、挑戦もなにもないじゃない(笑)。

それで、この答えに納得できないんだとしたら、自分がしっくりくる、ほかのお師匠さんを探したほうがいいですよ。

第5章

あなたの使命は「もっと自分を幸せにする」ことだ

その小さなことが人生を底上げする

足の指を柱の角にぶつけて、イラッとする。

お菓子の袋を開けようとしたら、ビリッと大破りになってムカついた。

こういうのって、日常によくある話だと思います。

1つひとつは些細なことですが、そのストレスを解消しないでいると、たまりにたまったマグマが噴火するように、あるとき大爆発する。

たいていは、家族やパートナー、会社の部下といった、身近な相手にその矛先が向き、周りはとんでもない迷惑を被《こうむ》ります。

客観的に見ると、「これでは自分も周りも不幸だ」とわかるのですが、無意識にやっちゃってる人、けっこういるんじゃないかな。

人生は、小さなことの積み重ねです。

よくも悪くも、些細なことを見逃しちゃダメなんだよね。

小さな幸せに気づいて、感謝を積み上げる。

些細な我慢こそ、すぐやめる。

ちょっとでも不快感があれば、すぐにガス抜きする。

これが、人生を底上げするカギです。

一人さんの知り合いにね、なにかの拍子にムッとしたとき、こんなことを思う人がいるんです。

「ギャー、ムカつく!! ……でもこれって、子どもの災難を、私が引き受けたのかも。だったら、痛い目にあったのが自分でよかった」

不愉快なことが起きると、本当は子どもの身に降りかかるはずだった災難が、自分のとこに来たのだと捉える。

そうすると、どんなに腹が立ってても、その怒りがスッと鎮《しず》まるんだって。

子どもの災難を、親が引き受けられるはずがないと思う人はいるだろうし、実際、その通りだと思います。

けど、重要なのはそこじゃない。いま、自分がどう思うか、なんだよね。出てきたストレスを、どれだけ上手に打ち消すかです。

さっきの話で言えば、怒りが湧いても、すぐに「これが自分に起きてよかった」と思えば、単純な脳は、「ナルホド、そういうものか」と納得する。だからイライラは鎮まるし、誰かに当たり散らすこともない。

1日、「上気元」で過ごせるよね。

些細な感情のコントロールがうまくなってくると、だんだん、大きな出来事にも落ち着いて対処できるようになります。

感情コントロールの達人になっちゃうんです。

心をコントロールすることほど難しいものはないから、それができるようになるって、ものすごく貴重な能力なの。

しかも、自分の思いを「ムカつく↓ツイてるぞ」って変えちゃえば、脳は、ツイてる現実を引き出すために全力で情報収集をはじめます。

だから、本当にツイてる現実にめぐり合えるんだよ。子どもが健康に過ごせるとか、自分にうれしいことが起きるとか。

で、そのことに感謝できる人は、ますますいい波動になる。

自分を満たし、人生が豊かになるわけだ。

ものごとは、なんでも1個ずつ、小さなところからはじまります。

ピラミッドだろうが、高層ビルだろうが、1階部分を飛ばして上だけつくることはできないでしょ？

1階、2階、3階……と築くから、上へ、上へと積み上げられる。

東京駅から新幹線に乗って青森へ行こうと思ったら、途中、大宮とか仙台を経て行かなきゃいけない。

それを、東京駅から乗って、すぐ青森に着かないからって、「もう行くのやめた」

って新幹線を降りちゃうと、永遠に青森の地を踏めないじゃない。停車しながらでも進むから、最後には目的地にたどり着けるんだよね。

ちょっとずつ進むことが正解であり、いままでも、世界はそうやって発展を遂げてきた。これからもそうです。あなたも、一歩ずつ進化するの。


それとね。人生には、新幹線が途中駅で停車するみたいに、「がんばってるのに変化がない」と感じるときがあるんです。でも、心配ないよ。

新幹線が停車するのは、お客さんが乗降するためだけど、人生の停滞期もそれと同じで、そのとき、新たな出会いの準備をしたり、いらなくなったご縁を手放したりしています。

なにも起きていないように感じられても、人生はちゃんと動いている。やがて、ガツンと成長したことを感じる出来事が出てくるからね。

それを楽しみに、日々の小さなことを大切にしてください。

「陽キャ」「陰キャ」と自己肯定感の関係

若者言葉に、「陽キャ（陽気なキャラクター）」「陰キャ（陰気なキャラクター）」というのがあるそうです。

陽キャというのは、明るくて活発な、目立つ存在の人。陰キャは、内気で目立たないタイプを指すんだって。

昔から、しばしば「見た目の印象と、その人の本質にはどんな関係があるのか」という質問を受けるので、ここでは、表面的な性格と自己肯定感の関係について、一人さんなりの考えを述べてみようと思います。

まず、陽キャというと、周りからはすごく明るく見えるわけだから、たいていは、自己肯定感の高い人だと思われやすい。

その反対に、陰キャは自己肯定感が低く見られやすいところがある。

で、**本当のところはどうなんですかっていうと、陽キャだから自己肯定感が高いとは限らないし、陰キャでも、すごく自己肯定感の高い人はいます。**

表面的には陽キャなのに、自己肯定感が低い。

そういう人は、外では明るく振る舞っていても、家では泣いてるんだよね。みんなに嫌われたくない、大勢に囲まれていたいから、人前ではがんばって笑ってるだけです。

自分で自分を満たせないから、誰かに愛を補ってもらいたい。

だから、人に嫌われることを過剰に恐れ、陽キャを装うわけだけど、実は、自分否定で人生に疲れちゃってるの。

いっぽう、一見クールで陰キャに思えるタイプでも、自分を大切にしていて、じゅうぶん満たされてる人はいます。

職場では黙々と仕事をしていて楽しげな雰囲気はないけど、趣味の場では、別人みたいな明るい顔をしているとかね。

というか、一人さん的には、陰キャという言葉にすごく違和感があるんです。**見た目の印象で陰気と決めつけることがおかしい。**

たとえ、見た目と中身の両方が陰気だとしても、その人はいま、暗い自分でいることを通じてなにかを学んでるの。

その人の魂は、少しも陰気じゃない。

誰かを陰キャと決めつけるのは、相手の内神様を見下すのと同じです。そういう人を神様がひいきにしてくれるはずがないし、「その生き方は違いますよ」というお知らせで、イヤなことだって起きてくるだろう。

賢いあなたは、人の見た目でレッテル貼りをしないことが大事ですよ。

それから、陰キャ扱いされるほうも、あんまり暗い顔をするのはやめな。ブスッとした顔をしていたら、人を恐がらせちゃうからね。

人を見た目で判断するのは、もちろんよくない。

でもね、現実に陽キャ、陰キャといった言葉が生まれるように、人の印象は、どうしても見た目に左右されます。

やっぱり、明るい笑顔の人はみんなに好かれるんだよ。見た目が暗いからって、人に避けられてしまうと自分がソンなの。

本当は自己肯定感が高くて、自分も周りも幸せにできる能力があるんだったら、わざわざ暗い顔、恐い顔をする必要はないよね。

笑顔が苦手なら、ちょっとほほ笑むだけでもいい。ふだんは無表情でも、人と話すときだけ口角を上げて穏やかな顔を意識するとか、無理をしない程度にできることってあるじゃない。

それに挑戦してごらん。きっと、いまよりはるかに楽しい人生になりますよ。

傷ついてるのは魂じゃない。思いなんです

釈迦《しゃか》やキリストって、話が難しいんです。

大事なことを言っているのはわかるんだけど、難しすぎて腹に落ちない。けっきょく、なにが言いたいんだろうって思う人、多いんじゃないかな。

でも実は、どちらも簡単なことを言ってるだけなんです。

たとえば、「魂は傷つかない」というのも、その1つなんだけど。

人の魂は、神様にもらった分け御霊であり、神様そのものです。

神様の手にかかれば、どんな悪意や災難も切り裂《さ》かれる。人間が神様を傷つけることなど、絶対にできません。

それなら、人が「傷ついた」と感じたときは、いったいどこが傷ついているのか。

これを理解するには、映画館の映写機をイメージするといいんです。

映写機は、フィルムに光を当てて、そこにある画像をスクリーンに投影します。私たちが傷ついたと感じているのは、この、フィルムの部分なんだよね。で、フィルムはなにかというと、自分の思いです。

人生は、自分の思ったことがスクリーンに映される映画みたいなもの。

フィルムに楽しい画像しかなければ、映し出される映像も楽しいものになるけど、フィルムに傷がついていれば、スクリーンの映像にもやっぱり傷が映し出されます。

ふつうの人は、出てきたイヤな現実のせいで自分が傷ついたと思うんだけど、実際は逆なの。

起きた出来事も、あなたの住む世界も、ぜんぶ、自分の思いというフィルムを通して映し出されたものです。

思いのほうが先だから、現実の世界からイヤなことを消したいんだったら、自分の思いを変えなきゃいけないんだよね。

釈迦やキリストの時代には、映写機なんてなかったから、こういうわかりやすい説明ができなかっただけで、話の内容としてはすごくシンプルなの。

あなたの思いが現実をつくる。

ただそれだけの話なんです。

たとえば一人さんの場合、中学しか出てないわけだけど、それを「社会に出たらソンする」「人にバカにされる」なんて思っちゃうと、そういうフィルムになるんだよ。

フィルムの内容がそっくりそのままスクリーンに投影されるわけだから、本当にソンをしたり、人にバカにされたりする人生になっちゃうわけです。

そしてそのことで、またフィルムを傷つけるから、投影された人生は……というのをエンドレスで繰り返す。

でも、一人さんの人生には、ただの一度もそんな現実が出てきたことはない。

なぜか？

それは、私は自分のフィルムを傷つけなかったからです。

傷つけないどころか、「カリスマ中学出」とかって、中卒を自分のウリにする画像を貼りつけたわけだね（笑）。

思いというのは、人間である自分の決めつけにすぎず、本当の自分である魂は少しも傷ついていません。

そのことに気づけば、思いは簡単に変えられます。

起きたことの明るい面を見て、「すべては学びのための経験」「この傷は、単なる勘違いなんだ」と知るだけで、フィルムの傷は消えてしまいます。

それでもう、スクリーンには楽しい物語しか映らなくなるのです。

恐れはヒマなときに出る。忙しくしてごらん

人生がうまくいかないときは、自覚の有無にかかわらず、自分のなかに〝恐れ〟があるんだよね。

恐れが外側に向けば、人を攻撃する。

恐れが内側に向くと、自分を攻撃する。

周りの人たちにイヤな態度をとるのも、自分否定で心を病んでしまうのも、根っこは同じです。


人の心は、さまざまな感情がグルグルしているように感じます。

複雑な思いがあるから、なかなか悩みが解決しない。自分の心をコントロールするのが難しい。そんなふうに思うかもしれません。

でもね、**究極的には人の心って「愛と恐れ」しかない**んです。どんな感情も、このどちらかに含まれます。


たとえば、大事な人を亡くして、悲しみから立ち直れないとします。

これは恐れではなく、悲しみなんだ。本人はそう言うかもしれないけど、やっぱり恐れなの。

いままで自分を支えてくれた人がいなくなった。これから、自分は1人で生きていけるだろうか、寂しさに耐えられるだろうかっていう不安があるんだよね。**不安は未来を恐がっていることの表れ**です。

目の前にいた人がいなくなり、もう二度と会えないと思えば大きな喪失感があるし、寂しくて涙も出る。

これは、豊かな感情を持つ人間の、ごく当たり前の姿です。だから泣いてもいいのですが、自己肯定感が高ければ、どんなに大切な人を亡くしたとしても、少し時間が経てばまた元気を取り戻せるんだよね。

誰よりも自分を愛してくれる、自分という存在がずっとそばにいてくれるわけだから、悲しみを自分に癒《い》やしてもらえるの。

自己肯定感が低いと、それがうまくできなくて不安になる。心の支えなしに生きることが恐くて、いつまでも涙が止まらないわけです。

生きるのがつらいとか、面白くないのなら、愛を思い出すしかありません。

愛を取り戻せば、恐れは消えて人生が軽くなるんだよね。

愛と恐れって、コインの表裏みたく背中合わせだから、愛と恐れが同居することはできません。


愛があれば、恐れは消える。恐れがあるときは、愛を忘れている。

恐れを手放すには、愛を思い出せばいいんだ。


よく、恐れを手放そうとして、「恐がっちゃいけない」と自分に言い聞かせる人がいるのですが、これだと逆効果です。

人の心がいちばんイヤがるのは、不自由なの。

心は自由でいたいから、強要されると反発するんだよ。押さえつけても言うことは聞かないし、ますます頑《かたく》なになります。

心の中身を変えたいときは、絶対に強要してはいけません。

愛を思い出すのにいちばん簡単で効果的なのは、「愛してます」「感謝してます」といった、愛の波動を持つ言葉を唱えることです。

1日1000回、毎日つぶやいてみな。びっくりするぐらい、愛が戻ってくるから。

それと、物理的に忙しくするのもおススメです。

恐れってね、ぼんやり座ってるときほど幅を利かすの。ヒマにしてると恐れが育つし、忙しくなれば恐れは小さくなって消える。

だから、忙しくすればいいんです。

昔の人って、現代人ほどクヨクヨ悩まなかったの。

なぜかというと、いまみたく便利な世の中じゃなかったからです。家事でも移動でも、ぜんぶ自分で体を動かさなきゃいけなかったでしょ？

川へ行って洗濯をする。炊事は火起こしから。衣服が足りなくなれば、手縫いでつくる。遠くに出かける場合は、徒歩で何日もかけて行く。

現代人の何倍も体を動かさなきゃいけないわけだから、昔の人は、いつまでも悩んでいられるほどヒマじゃなかったんだよ。

イヤなことがあっても、体を動かしてるうちに忘れちゃったの。

もちろん、時代は令和だからね。昔と同じようにすればいいわけじゃない。

便利な家電も、飛行機や新幹線といった移動手段も、ありがたく使えばいいんです。

その代わり、いまは楽しいことがたくさんあるわけだから、そっちで忙しくすればいいんだよ。ショッピングにスポーツ、飲み会、旅行……選択肢は山ほどある。

家事や仕事で忙しくしてもいいのですが、それ以上に効果的なのは、やっぱり楽しいことだよね。

人は、楽しんでいれば恐れに支配されることはありません。

それに、楽しんでいると自己肯定感も高くなる。ますます、恐れの入り込むスキがなくなるんだ。

神様をお祀りするのにふさわしい自分ですか？

人は誰もが、自分のなかに神の御霊を持っています。

その観点から言うと、自分という器（肉体）は、神様が住む家と同じです。体って、神社なんだよね。

一人さんは昔から、「清潔感を心がけな」「オシャレしな」「顔にツヤ出しな」「髪を整えな」と言い続けています。

それは、自分を大切にする、可愛がって楽しませてあげるという意味もあるのですが、自分自身が神社と同じだというのも理由の1つなんです。

神社へ行くと、きれいに掃き清められてるのがふつうでしょ？

ゴミが散乱してるとか、クモの巣だらけってことはない。

神社には清々しい空気があって、境内に足を踏み入れた瞬間、特別なエネルギーを感じるものです。

なぜ、神社がそんなにきれいなのかというと、神様がきれい好きだからです。神様って、美しいものが大好きなんだよね。

だから、特別な事情もないのに、神社である自分が何日もお風呂に入らないとか、だらしない姿で出歩くとかって、自分の内神様に失礼なわけです。

その意味では、疲れてるのに休まないとか、栄養を無視した食生活とか、体のメンテナンスを怠るとか、そういうのも神様を大切にしていないってことになる。

あなただって、住んでる家に不具合が出たら修理するでしょ。定期的にメンテナンスもすると思います。

体調がすぐれないときは無理せず休む。健康診断を受ける。そういうのも神様の〝家〟を快適に保つための配慮なんです。

それをせず、不快な環境で神様に我慢させながら、「人生がつまらない」「イヤなことばかり起きる」って、そりゃ当たり前だよね。わかるかい？

自分を大事にしてくれる相手には、なにかお返しをしたいと思うものです。誰だって、人からよくしてもらえるとうれしい。

神様だって同じだよ。

神様の家である肉体を清潔にし、美しく飾り、労《いたわ》ってもらえたら、神様はすごく喜ぶ。ありがとうって、お返しをしてくれるんだよ。

それが、いわゆる「いいこと」です。

内面だけでなく、見た目にも気を配れる人は、内神様が人生を豊かにしてくれるの。

それとね。自分自身が神であるという視点に立てば、自分の住んでいる家もまた、神聖なお社《やしろ》です。

あなたの家は、神様が住むのにふさわしいですか？

神様が安心して休める環境ですか？

ホコリだらけとか、モノがあふれて足の踏み場もないような〝汚部屋《おべや》〟は、神様が住むのにふさわしい家じゃないよね。

もちろん、お金をかける必要はありません。高価な衣服がいいとか、古い家がダメとかって話じゃないの。

安い服やアクセサリーでも、清潔感や品があるとか、キラキラして華やかだったら、それで十分なんだよね。ブランドものじゃなきゃいけないってことはない。

高価なものでも、着古してヨレヨレになってるとか、サイズが体に合ってなくてだらしなく見えるとか、そっちのほうが印象悪いと思います。

家にしても、狭かろうが、古い建物だろうが、小ギレイに整っていればいいんだ。

とくに家の場合は、モノを持ちすぎないことがポイントなの。

モノが多すぎるって、波動を下げるいちばんの原因なんだよね。

モノを大事にすることは素晴らしいのですが、使っていないものを、「いつか使うかも」「処分するのはもったいない」とため込むのは、モノを大切にするのとは、また別の話です。

使わないものを置いといても、結局、ガラクタになっちゃうの。

ガラクタからは〝ガラクタ波動〟が出る。自分がソンをすることになるんです。

だから、不要なものは早く処分したほうがいい。

まだ使えるものは人に譲ってもいいですが、誰も引き取ってくれないものは、さっさと捨てることだね。

家のなかに不要なものがなくなれば、スペースができます。

物理的なゆとりは、心のゆとりにもつながるし、なによりスカッとして心地いい。

だからモノを増やすのがイヤになって、自然とムダなものを買わなくなる。お金まで貯まってきますよ。

人はカッコぐらいつけなきゃダメなんだ

オシャレを楽しんでる人がいると、たまに、余計なことを言ってくるやつがいるんです。カッコばかりつけるな、とかさ。

じゃあ、そういう自分はどうなんですかって見ると、人を批判するやつほど大したことがない。見た目からしてイマイチなの（笑）。

ただでさえ微妙なのに、人の趣味にまでイチャモンつけるぐらいだからね。見た目も、中身も、両方カッコ悪いって自分で宣伝してるようなものです（笑）。

あのね、**人はカッコぐらいつけなきゃダメ**なんです。

カッコつけて外側がシャキッとすれば、自然と心も、「見た目にふさわしくなろう」と思うんだよ。

着物を着たら、背筋が伸びて気分がいいじゃない。着物が似合う自分になりたくて、所作や言葉まで変わるんだよね。

ドレスとかタキシードを着たら、表情まで華やかになって、その人の周りがパッと明るさを増すの。


みんなも知っての通り、私は女性が大好きなんだけど（笑）。

オシャレで華やかな女性は、とりわけ魅力的に映ります。

だから、自分の彼女とか、お弟子さんたちには、「どんどんオシャレしな」「好きな服を着て輝くんだよ」って言います。

もちろん、それは男性も同じ。

華やかなのが好きな人は、どんどんオシャレして楽しめばいいんです。


世の中には、自分のパートナーに地味を求める人がいます。

最近はそんな石頭もだいぶ減ったようだけど、それでもまだまだ、自分の奥さんがちょっと華やかな装《よそお》いをしただけで、「そんな格好して、なに考えてるんだ！」なんて言う人がいるよね。

そりゃあ、会社へ行くのにドレスを着るとか、お葬式なのに真っ赤なスーツでキメるとかだったら、「なに考えてるんだ!」と言われても仕方がない。だけど、そういうわけでもないんだから文句言うなって話なの。

自分を着飾ると、内神様がすごく喜びます。いいことがたくさん起きてくる。オシャレで運までよくなるわけだから、批判してるヒマがあるんだったら、「オレも、オシャレしてみるか」ぐらいのことを思ってもらいたいものだね。

あと、これはちょっとしたアドバイスなんだけど。

洋服やアクセサリーを買うんだったら、同じ値段でも、できるだけ「高そうに見える」ものを選ぶといいですよ。

服もアクセサリーも、最近は安くて質のいいものがたくさんある。

数千円も出せばきれいな服が買えるし、アクセサリーにしても、本物のダイヤモンドや真珠に見劣りしないのに、値段は1000円ぐらいだったりするじゃない。

そういうのを上手に活用すれば、お金をかけなくてもオシャレはできるよね。本当にいい時代なの。

もちろん、落ち着いた装いが好きな人は、無理に派手にする必要はありません。ただ、さっきも言ったように、「あなた、ちゃんと着替えてますか？」みたいな服を着てたんじゃダメですよ（笑）。

同じシャツでも、ヨレヨレでアイロンもかけてないのを着るか、色は地味でも、シワがピッと伸びたシャツを着るかで、見る人の印象は全然違ってくる。

漂う品《ひん》とか、波動だって違ってくるからね。

好きなものを身につけると、明るい気持ちで自分を好きになれる。自己肯定感につながります。**オシャレは自己満足ですよねって言う人もいるけど、自分を大事にするって、まず自己満足からはじまる**んだよ。

人に迷惑をかけるような自己満足はダメだけど、楽しい自己満足だったら、どんどん追求すればいい。

自己満足で自分が輝けば、自己肯定感が上がって周りにもメリットがある。

正しい自己満足は、単なる自己満足では終わらないんだ。

生きる。それは魂を無限に成長させること

第4章でも触れましたが、パナソニック創業者の松下幸之助さんは、お金にも、学歴にも、健康にも恵まれない、「ないないない尽くし」からのスタートでした。家が貧しく、9歳で小学校を中退して丁稚奉公《でっちぼうこう》に出たぐらいだし、大人になってからは健康不安もあったんだよね。

でも、それをむしろ自分の強みにして成功を遂げた。

ふつうなら「不運の星の下に生まれた」なんて言いたくなるところを、自分はとんでもない強運の持ち主だと思い込み、その思いで道を拓《ひら》いたの。

そのことを象徴するエピソードがあってね。

幸之助さんはいっときい、通勤に船を使ってたんだけど、ある夏の日、船べりに腰かけていたところ、とんでもない災難が降りかかった。

近くを通りかかった船員が、足を滑らせて海に落っこちちゃったんだよね。そのとき、そばにいた幸之助さんまで巻き込まれてしまったの。

必死に泳いでなんとか助け上げられたわけですが、そのとき、幸之助さんはこう言った。

「自分は、なんて運のいい人間だ」

人の巻き添えで死ぬところだったわけだから、ひどい目にあったと怒ってもおかしくない場面です。

なのに、

「冬だったらあの世行きだった。夏でよかった」

「これほど運のいい自分なら、なんだってできるぞ」

と、自信のタネにしたんだよね。

誰がどう見ても不運なことを、自分が強運であることの証しと受け止めた。

幸之助さんは、「経営の神様」と呼ばれるほどの成功者ですが、そのはじまりは、やっぱり自分の思いだったの。


自分が置かれた環境は、なにがなんでも「これは運がいいのだ」と思う材料にしなければならない。

不幸を探し、自分を運の悪い人間だと思ってはならない。

そう言い続けて、奇跡を起こしたわけです。


この世界で起きることは、どれも中立です。いい悪いは、いっさいありません。

それを善悪のどちらかに決めつけてるのは、自分の目なんだよね。

起きたことの、明るい面を見るか、暗い面を見るか。ただその違いなの。

どんな出来事にも、明るい面と、暗い面の両方があります。

いいことのように見えても、その裏側には悪いところがある。悪いようにしか見えないときでも、どこかに必ずいいところがある。

すべては、自分がどこを見るかです。

暗い面ばかり見ていれば、不安になるのは当たり前です。

だけど、明るい面を探してそこを見たら、

「これも自分の糧《かて》になる」

「このことがあるから、ますますよくなる」

と思える。

そうすれば、不安なんて出てきようがないんだ。


生きる。それは、魂を磨き上げることを意味します。

私たちが何度となくこの世界に生まれてくるのは、生まれ変わりという「生き通し」のなかで、無限に魂を成長させるためなんだよね。

あなたの使命は、もっともっと自分を幸せにすること。

だから、自分を大切にして、可愛がって、自己肯定感を上げなきゃいけない。

目の前に出てきたことを、なんとしてでも明るく受け止めて、自分を幸せにしてあげるんだよ。

自己肯定感
Q&A

Q 自己肯定感が地に落ちたとき、どうすればまた自分を愛せますか？

自分を愛したくても、ミスをして人に迷惑をかけたりすると、途端に自分を愛せなくなり、自己肯定感が地に落ちるような気がします。そんなときは、どうすればまた自分を愛せるようになりますか？

一人さんの話をすれば、私は自分のことが世界でいちばん好きだから、地に落ちることがないんです。

成功しようが失敗しようが、関係ない。たとえ「ダメだなぁ」って落ち込んだとしても、そのダメな自分すら可愛いし、落ち込んだ自分も大好きだからね。

昨日より今日。今日より明日。

1日ごとに私は自分に惚《ほ》れるし、ますます愛が大きくなる。自分が自分の、最高の応援団長であり続けます。

こういう自己肯定感があれば、そもそも愛を見失うことなんてないんだよ。


多くの人は、誰かにケチつけられたりすると、そこで自分否定をしちゃうんだけど、あなたにケチつけるやつなんて遠慮なくやっつけちゃいな（笑）。

一人さんなんて、こういう話をしただけでファイトが湧いてくるし、実際にやっつけてるところを想像しちゃって笑いが止まらない（笑）。

楽しくなっちゃうんです。

あなたも、親だろうが誰だろうが、圧力かけてくる相手とは猛然と戦いな。

我慢をやめたらすごく気持ちいいし、自分らしく生きることの意味がよくわかる。

自分を愛せるようになりますよ。

おわりに

できたらこの一生、
少しだけでも
カッコよく生きたいです。

みんなも一緒に
カッコよく生きましょう。

さいとうひとり

雄大な北の大地で「ひとりさん観音」に出会えます

北海道河東郡上士幌町上士幌

ひとりさん観音《かんのん》

柴村恵美子さん（斎藤一人さんの弟子）が、生まれ故郷である北海道上士幌町《かみしほろちょう》の丘に建立《こんりゅう》した、一人さんそっくりの美しい観音様。夜になると、一人さんが寄付した照明で観音様がオレンジ色にライトアップされ、昼間とはまた違った幻想的な姿になります。

記念碑

ひとりさん観音の建立から23年目に、白光の剣《つるぎ》（※）とともに建立された「大丈夫」記念碑。一人さんの愛の波動が込められており、訪れる人の心を軽くしてくれます。

（※）千葉県香取市にある「香取神宮」の御祭神・経津主大神《ふつぬしのおおかみ》の剣。闇を払い、明るい未来を切り拓く剣とされている。

「ひとりさん観音」にお参りをすると、願い事が叶うと評判です。そのときのあなたに必要な、一人さんのメッセージカードも引けますよ。

そのほかの一人さんスポット

ついてる鳥居：最上三十三観音 第2番 山寺（宝珠山千手院《ほうじゅさんせんじゅいん》）

山形県山形市大字山寺4753 電話：023-695-2845

一人さんが
すばらしい波動を入れてくださった絵が、
宮城県の
定義如来西方寺《じょうぎにょらいさいほうじ》に飾られています。

宮城県仙台市青葉区大倉字上下1　Kids' Space 龍の間

勢至菩薩《せいしぼさつ》様は
みっちゃん先生の
イメージ

聡明に物事を判断し、冷静に考える力、智慧と優しさのイメージです。寄り添う龍は、「緑龍」になります。地球に根を張る樹木のように、その地を守り、成長、発展を手助けしてくれる龍のイメージで描かれています。

阿弥陀如来《あみだにょらい》様は
一人さんの
イメージ

海のようにすべてを受け入れる深い愛と、すべてを浄化して癒やすというイメージです。また、阿弥陀様は海を渡られて来たということでこのような絵になりました。寄り添う龍は、豊かさを運んでくださる「八大龍王様」です。

観音菩薩《かんのんぼさつ》様は
はなゑさんの
イメージ

慈悲深く力強くもある優しい愛で人々を救ってくださるイメージです。寄り添う龍は、あふれる愛と生きる力強さ、エネルギーのある「桃龍」になります。愛を与える力、誕生、感謝の心を運んでくれる龍です。

一人さんが大好きな
おすすめの
パワースポット

宮城県の定義如来西方寺の五重塔囲いの芳名板に、
斉藤ひとりさんのお名前がございます。
東側に一枚、西側に一枚、五重塔（阿弥陀様）の
両側にございます。

五重塔

芳名板

この斉藤ひとりさんのお名前のところに
お財布をつけて、

「金運大吉」「金運大吉」「金運大吉」

と片側３回ずつ唱えると金運がよくなると評判です。

東側と西側、両側にございますので、
2カ所探して「金運大吉」を
計6回唱えてくださいね。
片側だけではダメですよ（笑）。

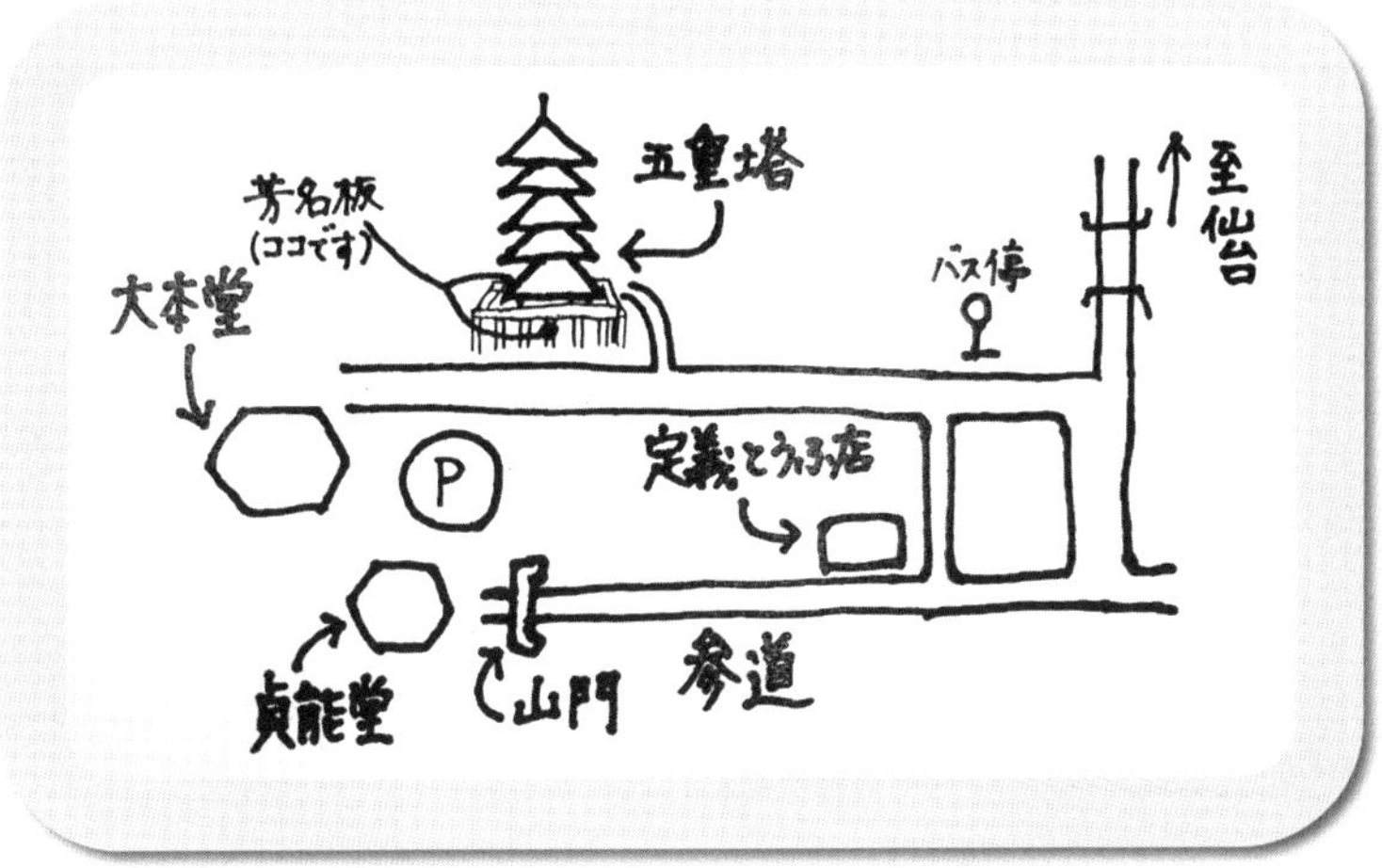

定義さんの参道には、
TVなどでも有名な**「定義とうふ店」**の
「三角定義あぶらあげ」があります。
ひとりさんも参拝に行くと必ず食べる、
おいしい大きなお揚げです。

三角定義あぶらあげ

五重塔は四季折々の素晴らしい景色で、
あなたを歓迎してくれますよ。
ぜひ、足を運んでくださいね。

斎藤一人さんとお弟子さんなどのウェブ

斎藤一人さんオフィシャルブログ

https://ameblo.jp/saitou-hitori-official/

一人さんが毎日あなたのために、ツイてる言葉を、
日替わりで載せてくれています。ぜひ、遊びにきてくださいね。

斎藤一人さん X（旧 Twitter）

https://x.com/o4wr8uaizherewj

上の URL からアクセスできます。
ぜひフォローしてください。

柴村恵美子さんのブログ……https://ameblo.jp/tuiteru-emiko/
　ホームページ………………https://emikoshibamura.ai/
舛岡はなゑさんの
公式ホームページ……………https://masuokahanae.com/
　YouTube………………………https://www.youtube.com/@MasuokaHanae
　インスタグラム……………https://www.instagram.com/masuoka_hanae/
みっちゃん先生のブログ……https://ameblo.jp/genbu-m4900/
　YouTube………………………https://www.youtube.com/@みっちゃん先生
　インスタグラム……………https://www.instagram.com/mitsuchiyan_4900
宮本真由美さんのブログ……https://ameblo.jp/mm4900/
千葉純一さんのブログ………https://ameblo.jp/chiba4900/
遠藤忠夫さんのブログ………https://ameblo.jp/ukon-azuki/
宇野信行さんのブログ………https://ameblo.jp/nobuchan49/
尾形幸弘さんのブログ………https://ameblo.jp/mukarayu-ogata/
鈴木達矢さんの YouTube……https://www.youtube.com/@鈴木たつや-e6i

楽しいお知らせ

無料

ひとりさんファンなら
一生に一度は遊びに行きたい

だんだんよくなる
未来は明るい
ランド

場所：ひとりさんファンクラブ
JR 新小岩駅 南口アーケード街 徒歩 8 分
年中無休（開店時間 10:00 ～ 19:00）
東京都江戸川区松島 3-14-8
TEL：03-3654-4949

切りとり線

★読者のみなさまにお願い

この本をお読みになって、どんな感想をお持ちでしょうか。祥伝社のホームページから書評をお送りいただけたら、ありがたく存じます。今後の企画の参考にさせていただきます。また、次ページの原稿用紙を切り取り、左記編集部まで郵送していただいても結構です。

お寄せいただいた「100字書評」は、ご了解のうえ新聞・雑誌などを通じて紹介させていただくこともあります。採用の場合は、特製図書カードを差しあげます。

なお、ご記入いただいたお名前、ご住所、ご連絡先等は、書評紹介の事前了解、謝礼のお届け以外の目的で利用することはありません。また、それらの情報を6カ月を超えて保管することもありません。

〒101—8701（お手紙は郵便番号だけで届きます）
祥伝社　書籍出版部　編集長　栗原和子
電話03（3265）1084
祥伝社ブックレビュー　www.shodensha.co.jp/bookreview

◎本書の購買動機

＿＿＿＿新聞の広告を見て	＿＿＿＿誌の広告を見て	＿＿＿＿新聞の書評を見て	＿＿＿＿誌の書評を見て	書店で見かけて	知人のすすめで

◎今後、新刊情報等のパソコンメール配信を　　希望する　・　しない

◎Eメールアドレス　　※携帯電話のアドレスには対応しておりません

@

100字書評

斎藤一人「自己肯定感」最強の法則

住所

名前

年齢

職業

斎藤一人（さいとう・ひとり）

実業家・「銀座まるかん」（日本漢方研究所）の創設者。1993年以来、毎年、全国高額納税者番付（総合）10位以内にただひとり連続ランクインし、2003年には累計納税額で日本一になる。土地売却や株式公開などによる高額納税者が多いなか、納税額はすべて事業所得によるものという異色の存在として注目される。著書に『新版 斎藤一人 お金に愛される315の教え』（ロングセラーズ）、『斎藤一人 明るい人だけが成功する』（PHP研究所）、『27年後の変な人が書いた成功法則』（徳間書店）、『斎藤一人 いますぐ幸せになれる言葉』（永岡書店）、共著に『斎藤一人 この世を天国に変えるコツ 人生は場数だよ』（徳間書店、みっちゃん先生と）、『斎藤一人 檄文 完全版』（徳間書店、舛岡はなゑさんと）、『斎藤一人 男を上げる女 女を上げる男』（祥伝社、舛岡はなゑさんと）などがある。

斎藤一人《さいとうひとり》「自己肯定感《じここうていかん》」最強《さいきょう》の法則《ほうそく》

令和7年5月10日　初版第1刷発行

著　者　斎藤一人《さいとうひとり》
発行者　辻 浩明
発行所　祥伝社《しょうでんしゃ》
〒101-8701　東京都千代田区神田神保町3-3
☎03（3265）2081（販売）
☎03（3265）1084（編集）
☎03（3265）3622（製作）

印　刷　萩原印刷
製　本　ナショナル製本

ISBN978-4-396-61837-7　C0095

祥伝社のホームページ　www.shodensha.co.jp

祥伝社・斎藤一人の本

斎藤一人

男を上げる女 女を上げる男

斎藤一人、舛岡はなゑ

真にカッコいい男、本当にいい女とは。
どうすれば異性とうまく付き合えるのか。
結婚が長続きする秘訣——。

男と女、お互いが上向きに好転するための法則を、一人さん&はなゑさんが男女それぞれの視点から教えます。

〈祥伝社黄金文庫〉

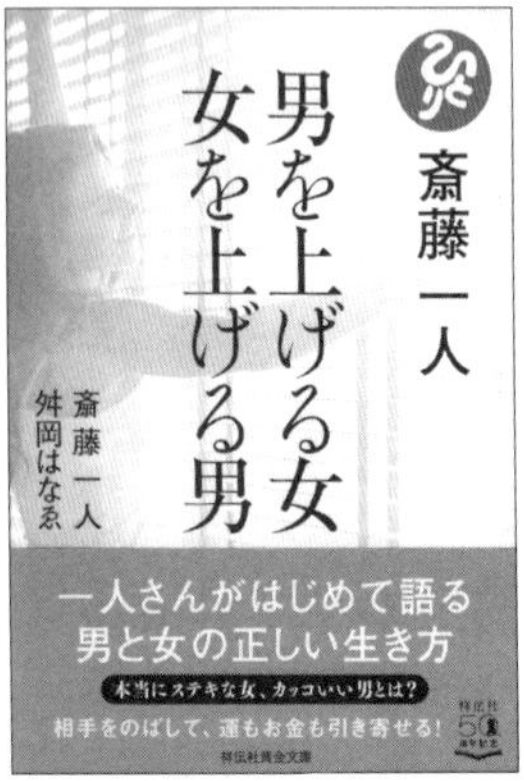

いい人生、幸せな人生を送るためには、
魅力的な人間にならなくてはいけない。
みんなが慕う、多くの人が憧れるような
存在に、ね。
この本の中で、魅力的な男、ステキな
女になるために、
楽しくできる、面白くできる修行方法を
綴っています。
私を信じて、実践するか、しないかは、
あなた次第です。

——斎藤一人